云南山区绿美公路建设生态环境保护探索与实践

冯　阳　杨韵可　魏桂龙　等　编著

人民交通出版社

北　京

内 容 提 要

本书基于山区公路建设施工期环境保护管理研究和绿色公路生态环境监测与评价体系研究及应用的成果,结合生态环境保护工作的实践经验编写,并参考国内外相关研究资料,系统梳理了绿美公路建设的背景和意义,阐述了绿美公路与绿色公路、生态环境保护之间的关系,回顾了云南绿美公路建设发展情况;同时,结合公路环境影响源以及云南区域环境特点,深入剖析了云南公路生态环境现状及存在的不足,系统构建了云南山区公路生态环境评价指标体系;以公路生态环境监测和环境管理为重点,总结了绿美公路建设生态环境保护的措施;并介绍了公路生态环境信息技术发展与应用实践等内容,最后对绿美公路建设环境保护工作进行了展望。

本书是对云南省绿美公路建设生态环境保护成果的总结,对云南省绿美公路建设与公路环境保护及生态修复具有重要的参考价值和支撑作用,可供从事路域生态保护、公路生态环境管理及规划、生态环境保护修复有关单位和公路建设单位的施工、管理及科研人员等参考。

图书在版编目(CIP)数据

云南山区绿美公路建设生态环境保护探索与实践 /
冯阳,杨韵可,魏桂龙等编著. — 北京:人民交通出版社
股份有限公司,2025.5. — ISBN 978-7-114-19792-5

Ⅰ. U412.36

中国国家版本馆 CIP 数据核字第 2024ZH2669 号

Yunnan Shanqu Lü-Mei Gonglu Jianshe Shengtai Huanjing Baohu Tansuo yu Shijian

书　　　名:	云南山区绿美公路建设生态环境保护探索与实践
著 作 者:	冯　阳　杨韵可　魏桂龙　等
责任编辑:	岑　瑜
责任校对:	赵媛媛　魏佳宁
责任印制:	张　凯
出版发行:	人民交通出版社
地　　　址:	(100011)北京市朝阳区安定门外外馆斜街 3 号
网　　　址:	http://www.ccpcl.com.cn
销售电话:	(010)85285857
总 经 销:	人民交通出版社发行部
经　　　销:	各地新华书店
印　　　刷:	北京科印技术咨询服务有限公司数码印刷分部
开　　　本:	787×1092　1/16
印　　　张:	7.125
字　　　数:	183 千
版　　　次:	2025 年 5 月　第 1 版
印　　　次:	2025 年 5 月　第 1 版　第 1 次印刷
书　　　号:	ISBN 978-7-114-19792-5
定　　　价:	68.00 元

(有印刷、装订质量问题的图书,由本社负责调换)

《云南山区绿美公路建设生态环境保护探索与实践》编写委员会

主　　编：冯　阳

副 主 编：杨韵可　魏桂龙

编写人员：李宛蓉　冯勋伟　赵　婕　鲁　婷　杨　杰

　　　　　代　舸　杨　浩　左　婕　杨梦丹

前　言

　　云南省地处中国西南边陲,地形复杂,气候多样,生物资源丰富,但生态环境脆弱,在公路建设和运营过程中,生态环境保护问题日益凸显。在交通运输部大力推动绿色公路建设和云南省大力建设绿美云南的大背景下,绿美公路建设应运而生,绿美公路建设是云南省交通运输行业落实生态文明建设的重大举措,其不仅关系公路沿线居民的出行便利,更关乎路域生态环境的保护和可持续发展。因此,如何在保障公路建设和运营的同时,让天更蓝、山更绿、水更清、生态环境更美好,充分体现公路的绿和美,成为亟待解决的关键问题。本书旨在通过云南山区绿美公路生态环境保护的探索和实践,为公路生态环境保护提供有益的借鉴和经验。

　　本书以云南山区绿美公路建设为研究对象,通过对国内外公路生态环境保护工作的相关理论和实践经验的梳理,结合云南山区的实际情况,对绿美公路建设的生态环境保护进行了全面、深入的探讨。本书共分为8章,编写分工为:第1章、第2章、第8章由云南省交通科学研究院有限公司的冯阳执笔,第3章由云南省交通科学研究院有限公司杨韵可执笔,第4章由云南省交通科学研究院有限公司李宛蓉执笔(第1、2节)、冯勋伟(第3、4节)执笔,第5章由云南纪星交通工程监理咨询有限公司魏桂龙执笔,第6章由云南省交通投资建设集团有限公司昆明东管理处杨杰(第1、2节)、云南省交通科学研究院有限公司代舸(第3、4节)和云南省交通科学研究院有限公司杨梦丹(第5、6节)执笔,第7章由云南省交通科学研究院有限公司鲁婷(第1、2节)、云南省交通科学研究院有限公司杨浩(第3、4节)和云南省交通科学研究院有限公司左婕(第5、6节)执笔。

　　本书在编撰过程中得到了云南省交通科学研究院有限公司的大力支持,同时也衷心感谢人民交通出版社岑瑜编辑在书稿出版过程中付出辛勤的劳动。由于绿美公路建设发展迅速的特性,本书相关研究仍然有诸多需要深化的地方,尤其是公路生态环境保护可持续和路域生态保护与智能技术的融合。与此同时,也感谢所有参与本书编写和审稿的人员,他们的辛勤工作和付出使得本书得以顺利出版。我们坚信,通过本书的出版,将有助于推动云南山区乃至全国的公路生态环境保护工作,推动绿美公路建设转型升级,我们期待着更多的读者能够关注和支持本书,共同为推动云南绿美公路的发展而努力。

本书在编撰过程中参阅了大量国内外文献和同行的工作资料,在此向所有作者表示感谢。

由于作者的学识、水平和时间有限,书中难免存在一些不当甚至错漏之处,恳请广大读者不吝赐教。

作　者
2024 年 3 月

CONTENTS

目录

1

概　　述

　　云南是多民族省份,其生物多样性最为丰富,也是我国重要的生物多样性宝库和西南生态安全屏障,被誉为"动物王国""植物王国""世界花园""物种基因库",有着较好的生态文明建设条件。随着云南省交通基础设施建设步伐的加快,生态环境保护与挑战是公路建设和运营不容忽视也无法回避的问题,在建设绿美公路的同时,把公路建设和运营对云南山区的地形地貌、自然景观和自然环境的不利影响降到最低,才能真正推动交通绿色发展,促进人与自然和谐共生,为实现生态文明建设目标提供有效支撑。

1.1 绿美公路的背景和意义

　　党的二十大全面系统总结了我国生态文明建设取得的重大成就和重大变革,深刻阐述了中国式现代化是人与自然和谐共生的现代化,对推动绿色发展、促进人与自然和谐共生作出重大战略部署,为推进生态文明、建设美丽中国指明了前进方向和提供了根本遵循。生态文明建设是指人类遵循自然规律,保护生物多样性,以可持续发展为目标的各种建设行为的总和;是贯穿于经济建设、政治建设、文化建设、社会建设全过程和各方面的系统工程,反映了一个社会的文明进步状况。

　　云南省的森林覆盖率排在全国前列,但地区和城乡之间不平衡,存在城镇建成区、重要交通沿线等人口密集、人流量大的区域,绿化质量不高、美化效果不佳、生态产品不足、缺乏特色等短板。为此,云南省委、省政府紧盯创建全国生态文明建设排头兵和筑牢国家西南生态安全屏障这条主线,作出了以"绿美云南"为主题的全省国土全域绿化美化专项行动的工作部署,并于2019年4月印发了《关于努力将云南建设成为中国最美丽省份的指导意见》(以下简称《指导意见》),《指导意见》提出了以怒江美丽公路、昆明—丽江高速公路、昆明—西双版纳高速公路、昆明主城区—昆明长水国际机场道路等为重点,建设一批最美公路。建设大滇西旅游环线,打造高速公路服务区升级版,为建设最美丽省份做好先行示范。这标志着努力将云南建设成为中国最美丽省份进入一个新的阶段。

　　云南省交通运输厅积极响应省委、省政府的号召,围绕"畅、安、舒、绿、美"的建设理念,紧扣建设"绿美公路""绿美交通廊道示范段""绿美铁路""绿美服务区""绿美客运站""绿美机场"以及"绿美港口"等硬指标、硬要求,细化工作目标、分解任务落实,全力推进绿美交通工作,绿美公路建设是绿美交通建设重要组成部分。2022年印发的《云南省城乡绿化美化三年行动(2022—2024年)》(以下简称《城乡绿化美化三年行动》)计划建设绿美公路5万km,重点打造绿美交通廊道1500km示范段,提升绿美铁路500km,建设80个绿美服务区。按照绿美交通三年行动总体部署和要求,交通运输行业有序、高效推进绿美交通建设。云南省交通运输厅2022年发布的《云南省绿美交通三年行动》进一步明确要求,用3年时间建设绿美公路5万km,全面推进交通沿线增绿扩美,提升交通沿线绿化美化水平。通过将绿化、美化和旅游等功能相结合,更加注重公路与自然环境的和谐统一,并致力于提高行车的安全性和舒适性以及美观性。

　　《城乡绿化美化三年行动》提出:以保障交通安全为前提,依据交通干线两侧的自然状况和功能需要,分层次、分地域、分地段确定建设标准,打造生物多样、季相明显、功能完善的绿化景观廊道,形成畅通、安全、舒适、美丽的绿美交通网络。绿化植物要选择适应区域气候类型的种类,综合考虑乡土与外来适生、场地功能、空间层次、色彩搭配、生态习性等因素,合理确定基调树种和骨干树种。高标准创建"畅、安、舒、绿、美"公路项目,《云南省绿美公路项目评优工作方案》进一步明确:通过绿美交通全面提升交通沿线绿化美化水平,促进路景交融、和谐自然。努力建成绿美云南交通新标杆、样板示范区,助力云南落实低碳发展、乡村振兴、交旅融合、全域旅游等总体目标。总体效果为:公路沿线生物多样性水平高、生态功能完备、因绿而美、简洁明快、景观特色鲜明;服务区干净、有序、特色、绿美惠民。为了进一步指导绿美交通建设,2022年,云南省交通运输厅出台了《云南省绿美交通三年行动》和《云南省绿美交通技术指南》,计划用3年时间建设绿美公路5万km,全面推进交通沿线增绿扩美,提升交通沿线绿化美化水平。其中,将重点打造绿美高速公路交通廊道1500km,结合沿线自然环境,分层次、分地域打造生物多样、季相明显、功能完善的绿化景观廊道。

　　作为云南综合交通体系建设主力军、投融资主平台、综合交通全产业链经营主实体的云南省交通投资建设集团有限公司(以下简称云南交投集团)为贯彻落实省委、省政府绿美云南建设部署,基于党的十八大以来云南交投集团建设美丽公路和绿美公路的实践,提出了绿美通道经济。绿美通道经济是指坚持"创新、协调、绿色、开放、共享"的新发展理念,以云南交投集团"四化同步、四态兼具、四质融合"的绿美价值理念为引领,以区位优势、资源优势、人文优势、绿美云南建设为依托,以大通道为纽带,以强化通道资源高效高质转化及系统建构"通道+"经济模式为核心,把通道优势转变为经济优势,实现与全省资源经济、口岸经济、园区经济等融合发展的一种新型经济形态。绿美通道经济的提出,进一步丰富和完善了绿美公路的内涵和外延,通过培育发展绿美路域经济、绿美路衍经济、跨境走廊经济、数实融合经济、绿美品牌经济这"五个经济",推动综合交通"投融建管营"产业链与全省资源、口岸、园区经济融合发展,促进传统优势产业可持续发展、助推新兴领域产业格局塑造,激发"乘数效应",为通道沿线州市和全省经济社会发展提供新的动能。将有力推动云南地区的经济发展和产业升级,实现路域资源的高效利用和可持续发展。绿美通道经济以绿化、净化、亮化、美化"四化"同步,业态、形态、神态、生态"四态"兼备,颜值、品质、特质、价值"四质"融合为目标,着力赋予交通物流大通道绿美形象和绿美价值。以高水平生态环境保护推动高质量发展,是云南交投集团在生态文明建设中当先锋、作表率,努力成为云南省推进生态文明排头兵建设重要实践主体的生动举措。

绿美公路建设的体系框架见图 1-1。

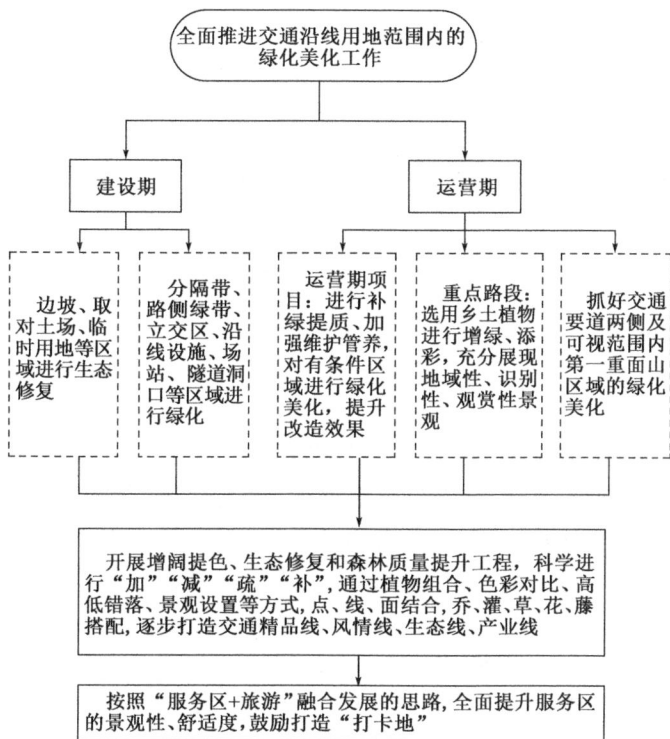

图 1-1 绿美公路建设的体系框架(摘编自《城乡绿化美化三年行动》)

云南省积极推进绿美交通建设,高标准创建"畅、安、舒、绿、美"交通工程。根据《云南省绿美交通技术指南》给出的绿美公路定义,绿美公路指在满足交通功能基础上,将公路景观与沿线各类景源融合建设,使其具有景观性、生态性、舒适性、安全性的同时,兼顾和谐惠民、宜行宜游等特质,展现云南生物资源多样性特点,构建系统完整、生态稳定的公路。建设绿美公路正是贯彻落实习近平总书记关于生态文明建设重要指示精神的生动实践和重要载体,也是云南交通运输行业深入学习贯彻习近平生态文明思想,落实云南省委、省政府把云南建设成为中国最美丽省份的具体体现和有效路径,是交通人义不容辞的光荣使命和责任担当。

通过聚焦构建资源节约、环境友好交通,牢固树立"不破坏就是最大保护"的理念,通过大力推广新技术、新材料、新工艺的应用,落实低碳发展相关要求,大力发展低碳交通、绿色交通。进一步推进公路转型升级,注重从综合规划、勘察设计、施工建设、运营养护等多个环节,通过土地节约、材料节约及再生循环利用、生态环境保护等举措推进绿色公路建设。加大对交通建设环境保护和环境综合利用的研究,正确处理好生产经营发展与生态环境保护的辩证关系,坚持最大限度地保护、最低程度地影响、最有力度地恢复,实现开发建设与生态环境保护并重、与自然环境和谐,为交通的可持续发展和生态文明建设贡献积极力量。深入研究交通环境保护工作的实现方式,提升云南省公路生态环境保护工作的技术能力水平,支撑生态文明排头兵和中国最美丽省份建设,改善提升交通运输行业生态环境质量,减少交通环境污染,降低能耗,促进交通运输全面协调可持续发展。

1.2 国内外绿美公路建设发展情况

随着公路建设理念不断升级,绿美公路、美丽公路、生态公路、旅游公路和绿道等各类新型公路呈现出蓬勃发展之势,与之相关的一类新型公路评价研究也在国内外学界逐渐展开。对于此类公路的定义并无明确界定,普遍的认识是体现自然与人文的统一、路景融合、绿色低碳。现行的公路建设标准和规范,如《公路环境保护设计规范》(JTG B04)、《公路建设项目环境影响评价规范》(JTG B03)和《公路项目安全性评价规范》(JTG B05)等,鲜有绿美公路、美丽公路的相关条款,且欠系统性。

1.2.1 国外生态(绿美)公路研究情况

国外公路的生态环境保护主要以保护和修复自然植被为主,充分运用自然、无强烈人工痕迹的绿化来缓解公路与环境的冲突,弥补公路对生物环境的破坏,降低公路给周围居民造成的视觉影响,为公路上的行驶者提供具有吸引力的景观,同时降低养护管理费用,在此基础上综合考虑环境、生物、人三方面的关系。发达国家公路建设实行建设和环境保护并重的方针,在公路建设的初期就将环境保护和恢复措施纳入建设之中。道路环境保护已由普通绿化发展为生态绿化和景观与生态相结合的景观生态绿化。公路建设与环境保护工程融为一体,向着自然和谐的方向发展。路域带的生态保护,做到因地制宜,分层次绿化,弃、取土场及时绿化覆盖,并恢复到建设前的状态。"欧盟2020发展战略"提出使用更加清洁的能源,提高资源和能源利用效率,减少对水、土地和生态系统等重要资源的负面影响。英国鼓励积极使用清洁能源和新能源车辆等来实现对温室气体排放的有效控制。Wu等(2022)分别从中国收集环境影响评价报告(EIA)和美国环境影响报告(EIS),通过中文文本挖掘的关键词词云(图1-2)发现环评是对拟建项目可能产生的环境影响的过程,中国环评更多呈现出周期性和计划主导的趋势,而美国更强调对人类健康的影响。两国对EIA和EIS文件中的环保措施方面重视得还不够。

图1-2　高速公路环评中的关键词词云(Wu et al.,2022)

以美国蓝岭公路为例,蓝岭公路地处阿巴拉契亚地区,全长约 755km。公路北部与雪兰多国家公园相接,南部与大烟山国家公园相连。项目建设过程中充分利用借景的手法,凸显出周边自然环境的天然优势,同时结合当地自然地形和水文条件,尊重当地历史文化、民俗风情,保护生态资源,实现人与自然的相对和谐。此外,构建多元化服务设施,满足前来观光的不同年龄段游客的需求,每年吸引超过 2000 万的游客慕名而来。该公路分别于 1996 年、2005 年被美国联邦公路管理局认定为"泛美风景道"。

日本在自然森林保护与恢复、道路坡面植被恢复与绿化技术、利用道路两侧空间创建生物生息环境、保护丰富多彩的自然地域、保护与恢复路旁湿地等方面积累了丰富经验。根据日本生态道路委员会的调查,有 40 多条道路被列为生态道路建设的示范案例。其采取的具体措施有:建设区域的自然环境调查;制定道路规划、施工、管理等各阶段相应的自然保护措施;选定对生态系统影响较小的路线,确保动物的迁移路线;替代生物栖息地的选择。

德国公路建设生态保护的具体要求包括:

(1)为使公路建设对自然环境的影响最小,在自然保护价值非常高的地段建设"生态桥"或"绿色桥"。主要考虑由于道路建设而隔断了动物迁移路线,而且普通的桥梁无法保障动物的正常迁徙。

(2)在交通量很大的联邦道路,路面汇集的雨水流入河道之前首先进入沉淀池净化,沉淀池设置有滤油"栅栏"。从景观上考虑,这种沉淀池模仿自然池塘来设计。

(3)在两栖类动物由于道路交通建设隔断行动路线的情况下,道路建设者必须为两栖类动物设置"路下通道"以及产卵的水池。

1.2.2 国内绿美公路建设发展情况

经过近几年的发展,国内绿美公路建设已经初见成效。2014 年 5 月,在浙江省委十三届五次全会上,正式提出了"建设美丽浙江、创造美好生活"的重大战略部署,浙江交通运输行业以创建"美丽公路"为抓手,全力推进"设施美、行风美、窗口美、人物美"的"四美"建设,彰显新时代浙江公路的人文之美。通过兼具"设施美"和"人文美"气质的美丽公路,浙江探索出了一条以"美丽公路"带动生态美、产业兴、百姓富的发展之路。2015 年浙江省交通运输厅发布《浙江省创建美丽公路"五个一万"工程实施意见》,标志着浙江省美丽公路建设的全面铺开;浙江省湖州市发布首个地市级《美丽公路建设规范》,又率先印发《湖州市美丽公路总体规划》;2019 年交通运输部公路局批复了《湖州市全国美丽公路建设先行先试实施方案》;2020 年,浙江省交通强国建设试点方案获得了交通运输部批复,同意将"打造美丽经济交通走廊"作为重要试点内容之一。

为践行习近平总书记"两山理论",将"绿水青山"作为现代交通发展的战略空间,推动长江经济带高质量发展,2018 年,湖北省交通运输厅正式印发《湖北省美丽公路经济带建设指南(试行)》的通知,全面开展美丽公路经济带创建工作,从而推动交通运输和经济深度融合,开创互动互赢互惠互利的局面。文件要求,创建美丽公路经济带应根据湖北交通现状,挖掘公路网存量资源和内在潜力,加快提升公路路况步伐,突出景观特色和亮点,美化路域环境,并符合绿色公路建设技术规范,拓展建设模式,设计理念上做到地域人文特点明确。将普通公路打造成"一路一特色、一段一主题、一域一特色、一处一风景"的品牌,让公路充满"乡野的气息";将乡村公路打造成"一村一品、一村一景、一村一韵"的乡村个性,让公路成为乡村振兴的特色路。

2022 年底,广东省委印发了《关于深入推进绿美广东生态建设的决定》,深入实施绿美广东生态建设"六大行动",自此,绿美广东生态建设工作成为热点。绿美广东生态建设工作时间跨度长达十年,任务要点众多,建设范围覆盖全省。广东在全国率先制定并发布了《广东省绿色公路建设技术指南(试行)》,从技术层面规范和指导重点公路工程建设项目开展绿色公路建设,从公路设计、施工、运营、养护、管理等方面对公路绿色建设要求进行了规定,给出了技术性指导。2023 年 2 月,《中共广东省委关于深入推进绿美广东生态建设的决定》发布,为打造人与自然和谐共生的绿美广东样板,走出新时代绿水青山就是金山银山的广东路径画定了"路线图"。云茂高速公路以"守护绿水青山,建设美丽高速"为指导思想,校准装配化、生态型、平安型、创新型"一化三型"特色定位,编制绿色公路建设技术清单 116 项,实现"资源节约、生态环保、节能高效、服务提升"的绿色公路建设总体目标。2018 年,该项目被广东省交通运输厅选定为广东省第一批绿色公路典型示范工程创建项目。2021 年,该项目被广东省交通运输厅评定为第一批绿色公路建设示范项目,被中国公路学会授予"最美绿色高速"称号。

1.2.3 云南绿美公路建设发展情况

云南省以"美丽公路"为抓手,围绕"设施美、绿化美、路域美",在全省国省道公路上打造一批"美丽公路"示范路,昆明至丽江、昆明至西双版纳、昆明主城区至长水国际机场 3 条美丽公路建成,大滇西旅游环线重点交通基础设施建设项目有序推进。昆明至丽江高速公路绿化美化工程以"一条玉带衔明珠,一路青山探秘境"为主题,定位为一条绿色生态走廊道、一条景观大道、一条文化之路、一条智慧之路,路线的绿化美化设计全长 484km,其中,大理至丽江段被评为 2017 年国家水土保持生态文明工程。麻昭、香丽、小磨、武易 4 项部级绿色公路试点示范工程创建成功,麻昭高速公路建设全过程采用绿色低碳技术,全寿命实现绿色低碳效益,全方位进行绿色低碳管理,将绿色低碳理念纳入公路设计、建设、管理、养护、运营等各个方面,实现了高速公路绿色低碳发展,小磨高速公路、武易高速公路被交通运输部列为"全国绿色公路建设典型示范项目"。G4216 华坪至丽江高速公路大理连接线(大理段)"大营绿色低碳服务区"示范创建项目、呈澄高速公路无人化智慧运营项目分别入选 2017 年、2018 年省级低碳示范项目。"公路隧道节能照明技术"被列入 2016 年度交通运输行业重点节能低碳技术推广目录,"金沙江特殊地质条件下独塔单跨钢桁地锚悬索桥建设技术"和"隧道小导管钢构件数字标准化技术"2 项技术被列入 2019 年度交通运输行业重点节能低碳技术推广目录。

国道 G213 线普洱市宁洱县那柯里段,通过"行业 + 属地 + 旅游"共建模式,突出地域、自然特点和人文景观,建设"设施美、绿化美、路域美"的绿美公路。永大高速公路项目创新采用钻孔植播技术,那兴高速公路采取边坡三联生态防护建植技术,有效提高了边坡植被存活率,使高速公路呈现出"一面边坡一片花园"的生态景观效果。石锁高速公路绿美交通设计主题以文韵、彤云为设计出发点,采用多种植物展现云南生物资源多样性特点,将高速公路景观与沿线各类景点融合建设,使其具有景观性、生态性、舒适性、安全性的同时,兼顾和谐惠民、宜行宜游等特质,做到路景交融、意蕴丰富。怒江美丽公路建成通车,成功打造了"路在江边走、车在画里行、人在景中游"的怒江大峡谷最美公路,2023 年,怒江美丽公路入选了全国首批交旅融合发展典型案例(图1-3)。玉楚高速公路通过优化路线设计方案避让了生态保护红线,有效保护了生态环境,绿美建设成效被《焦点访谈》作为新时代绿色发展正面典型报道。宾南高速公路精细化编制规划设计方案,充分结合沿线自然、气候条件,因地制宜选择耐旱、易成活乡土特色树种,解决了干旱、少雨、炎热环境下打造建设绿美高速公路的难题。作为国内首个路域生物多样性科普体验馆——路域生物多样性(楚雄)科普示范园已于2022年3月正式开园,项目依托楚姚高速公路建设,是云南省生态环境厅批准创建的生物多样性保护示范项目。园区选址以高速公路取、弃土场综合利用为切入点,以交通基础设施建设与生态环境保护及科普示范相结合,紧扣楚姚高速公路路域生物多样性特点,以万物之融、路域之美、生态之窗3个篇章展示了楚雄典型生物群落特点、路域生态保护及修复技术和生态演替规律,生动诠释了人与自然和谐共生的美好景象。

图1-3　怒江美丽公路小沙坝服务区

截至2023年9月,云南省已建成绿美高速公路941km,绿美交通廊道示范段395km,绿美普通国省道1701km,绿美农村公路13081km,提升改造了15个绿美服务区。综合交通运输生态文明建设成效显著,畅通、安全、舒适的绿美公路在云岭大地不断延伸,为助力云南建设成为中国最美丽省份和交通强国试点省份贡献了交通力量。

1.3　绿美公路与绿色公路、生态环境保护之间的关系

1.3.1　绿色公路的发展脉络

根据《绿色交通设施评估技术要求　第1部分:绿色公路》(JT/T 1199.1)给出的绿色公路(green highway)定义:在公路的全寿命周期内,以创新、协调、绿色、开放、共享为发展理念,最大限度地控制资源占用、降低能源消耗、减少污染排放、保护生态环境,注重建设品质提升与运行效率提高,为人们提供安全、舒适、便捷、美观的行车环境,与自然和谐共生的公路。

绿色公路是"绿色交通"的重要组成部分,为促进绿色公路建设,推动公路建设转型升级,交通运输部印发《关于实施绿色公路建设的指导意见》(交办公路[2016]93号),提出了绿色公路建设的指导思想,明确了基本原则、建设目标、主要任务和保障措施等,以及绿色公路建设的必要制度依据和推进方略。绿色公路建设是贯彻生态文明战略、践行绿色发展理念、助力美丽中国建设的必然要求,也是支撑交通强国建设、实现行业转型升级的关键举措。

1987年3月,交通部第一次正式提出实施具有中国特色的公路标准化、美化建设工程(简称GBM工程),同时决定在107国道率先试行。GBM工程要求公路达到路成形,树成行,路肩内外边缘、水沟、边坡一条线,排水畅通,路况质量良好,路容整洁美观,绿化、交通工程设施及附属设施齐全完好,这是绿色公路建设雏形时期。21世纪初,绿色公路建设正式进入起步阶段:以生态环保为核心的公路建设新理念深入人心,建成一批以四川川九路、云南思小高速公路、江西景婺黄高速公路等为代表的山区旅游公路和生态公路。

绿色公路理念发展的历程简图如图1-4所示。

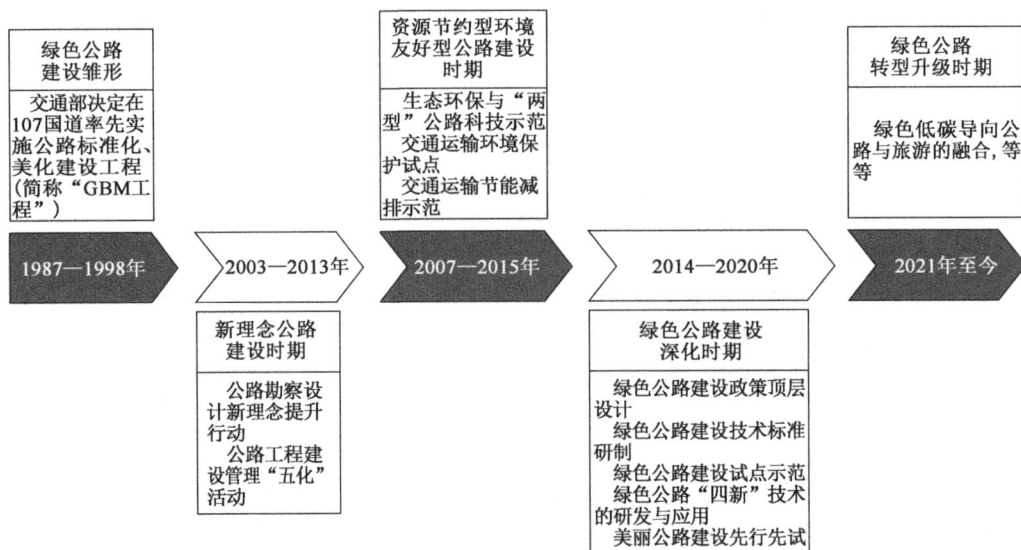

图1-4 绿色公路理念发展的历程简图

2007—2015年新理念公路建设期,交通运输行业通过实施科技示范、环境保护试点及节能减排示范,公路交通基础设施建管养绿色化水平有效提升,公路交通领域节能环保技术全面进步,建成一批以湖北神宜公路、江西庐山西海高速公路、京港澳高速公路河北段改扩建工程等为代表的"两型"(资源节约型、环境友好型)公路。2013年,由云南云岭高速公路养护绿化工程有限公司、云南省公路学会和长安大学联合起草的云南省地方标准《绿色公路评价标准》(DB53/T 449—2013)是我国首部绿色公路评价标准。2012年,交通运输部印发的《公路水路交通运输环境保护"十二五"发展规划》,提出了公路生态保护和污染治理、水路生态保护和污染治理等七大主要任务,为构建资源节约型、环境友好型的现代交通运输业制定了行动方案。随后启动的"十二五"环境保护试点建设专项,试点内容涵盖了交通运输环境监测网络、重大交通基础设施生态建设和保护、高速公路服务区清洁能源与水循环利用等方面。与此同时,交通运输部印发《云南省交通运输环境监测网络建设试点工程可行性研究报告的批复》(交规划发〔2013〕527号),云南省交通运输环境监测网络试点工程正式启动。

绿色公路建设的深化阶段:2014年,全国交通运输工作会议提出加快发展"四个交通",综合交通是核心,智慧交通是关键,绿色交通是引领,平安交通是基础,"四个交通"相互关联、相辅相成,共同构成了推进交通运输现代化发展的有机体系。正式提出绿色交通,为交通运输科学发展指明了方向。2016年,交通运输部印发的《关于实施绿色公路建设的指导意见》,进一步明确了绿色公路的发展思路和建设目标,提出了五大建设任务,决定开展五大专项行动;2017年,交通运输部印发的《推进交通运输生态文明建设实施方案》(交规划发〔2017〕45号)要求行业践行五大发展理念,以供给侧结构性改革推动交通运输生态文明建设,把绿色发展理念融入交通运输发展的各方面和全过程;2019年,中共中央、国务院印发了《交通强国建设纲要》,更进一步地提出了"绿色发展节约集约、低碳环保"等九大任务,要求强化交通生态环境保护修复,建设绿色交通廊道,赋予绿色公路建设新的使命。

"十三五"期间,交通运输部分3批共实施了33个绿色公路建设典型示范工程,湖南、广东和河南等16省(自治区、直辖市)开展省级绿色公路建设试点示范工作。云南小磨高速公路改扩建工程、延崇高速公路及江西广吉高速公路等一批绿色公路和浙江省美丽经济交通走廊建设项目,为交通运输行业推行绿色公路建设积累了经验。赋予绿色公路发展新内涵,推动了绿色公路发展进入新阶段(图1-5)。

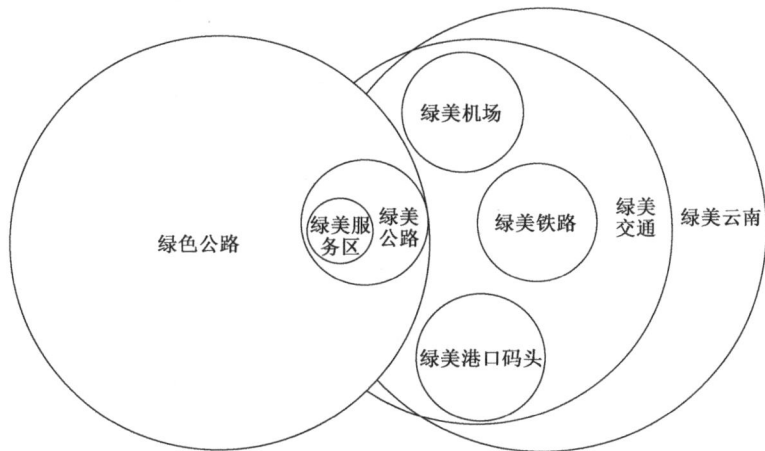

图1-5　绿美云南、绿美公路和绿色公路之间的关系图

"十四五"时期,交通运输行业进入加快建设交通强国、推动交通运输高质量发展的新阶段。2021年交通运输部印发的《绿色交通"十四五"发展规划》作为历史上第一个绿色交通专项规划,提出了"优化空间布局,建设绿色交通基础设施"等七大主要任务。

在此阶段,云南省提出了建设绿美云南,这是云南立足于努力成为全国生态文明建设排头兵的战略定位,通过落实最高标准、最严制度、最硬执法、最实举措、最佳环境的要求,实现生态美、环境美、城市美、乡村美、山水美的目标。建设绿美云南就要求谱写好绿美交通篇章,绿美交通建设对污染防治、公路建设提出了新的要求,也为加快绿色交通发展带来了前所未有的历史机遇。绿美交通进一步强化行业绿色发展理念,切实提升行业节能减排管理和绿色交通发展能力,推动绿色交通发展制度化、体系化、常态化。

1.3.2　绿美公路与绿色公路的关系

加快构建绿色低碳交通基础设施体系,将绿色低碳理念贯穿于公路路域生态修复的全过程,推动生产方式转型升级,已成为交通运输行业贯彻生态文明战略的必然要求,也为支撑加快建设交通强国、推进交通可持续发展起到积极推动作用。推动绿美公路正是绿色公路转型升级阶段、行业高质量发展和绿色交通建设向纵深发展的要求。从绿色交通到绿色公路,从美丽公路到绿美公路,可以清晰地看到绿色公路在云南的各个阶段的发展历史脉络,建设绿美公路不是另起炉灶,而是在原有基础上进一步夯实绿的底色、提升质量和美感、向纵深发展,为低碳发展、乡村振兴、交旅融合、全域旅游等提供高品质的交通运输保障。

1.3.3　绿美公路与生态环境保护的关系

云南省是我国重要的生物多样性宝库和西南生态安全屏障,在国家生态安全战略体系和国际生态安全格局中具有不可替代的重要地位,在我国生态文明建设中具有举足轻重的作用。近年来,随着云南省交通基础设施建设的大发展,大规模的公路网建设引起的生态环境问题已经成为云南山区生态系统变化的重要驱动因素之一。若不实施有效的生态保护措施,不仅路域生态环境恶化得不到有效遏制,连公路自身的设施安全和行车安全也得不到保障,同时也给沿线居民生活和生态环境带来了一系列影响和问题。只有注重生态环境保护,才能实现可持续发展。

中共中央、国务院印发的《交通强国建设纲要》提出了强化节能减排和污染防治,强化交通生态环境保护修复的要求。在推进绿美交通建设的过程中,更需要高度重视生态环境问题,尤其是云南高原山地的一些特殊生态区域,如生态功能区、生态敏感区、生态脆弱区,更应该受到关注和保护。积极采取生态修复措施,对因建设活动造成的环境破坏进行修复和补偿,确保生态环境的平衡和稳定。建设好绿美公路,首先要准确地评估公路生态环境影响,研究和解决公路建设和运营过程中的环境污染问题,为解决这些生态环境问题提供坚实的理论依据。因此,有必要加强相关公路生态环境保护方面的研究,识别公路穿越不同生态区域的主要生态问题并分析原因,提出缓解对策,最大限度地减少或消除其对生态环境的影响,为云南山区不同生态区域的公路建设和运营提供理论依据和技术策略。另一方面,通过加强科技创新,积极引入先进的科技手段和设备。例如,采用新型环保材料和节能技术,提高绿美公路设施的环保性能和节能性能;采用智能化管理系统,提升管理效率和管理质量,提高绿美交通建设的科技含量和技术水平,推动绿美公路建设工作向更高层次发展。建设绿美公路是云南省建设绿色交通一次积极的系统探索和实践,为云南省乃至国内其他地区公路的环境保护、节能运营提供一定的技术参考。

总而言之,建设绿美公路是保护云南路域生态环境的客观需要,做好生态环境保护是绿美公路建设的必然要求。推动交通环境质量多要素监测向生态环境质量整体性监测的全面转型,构建一套完整的、系统化的生态环境保护策略,才能不断提升和完善"美丽"公路的生态内涵,对建设中国最美丽省份具有重要意义。

2

云南公路生态环境现状及保护措施

　　交通运输作为是国民经济中具有基础性、先导性、战略性的产业,公路网络及其承载的各种交通工具为人类社会带来巨大便利和社会效益的同时,环境污染问题也日益凸显。公路建设所引起的相关环境问题越来越引起人们的关注,生态建设的必要性日益凸显,解决公路路域环境的生态问题是公路建设和运营中的当务之急,也是绿美公路建设的一个重要方面。

2.1　云南生态环境特点

　　云南省位于我国西南边陲地区,属于典型的山区省份。山地面积 33.11 万 km²,占云南省总面积的 84%;高原面积 3.9 万 km²,占全省总面积的 10%;盆地面积 2.4 万 km²,占全省总面积的 6.0%。整个地势从西北向东南倾斜,东部称云南高原,发育着各种类型的岩溶地貌,西部是以横断山脉为主的纵向岭谷区,其中该区北段为高山峡谷区,南段地貌逐渐趋于和缓。特殊的地理位置和地貌特征,造就了云南高原山地复杂多样的生态环境,梅里雪山风光如图 2-1 所示。多样性的气候与地貌特征蕴藏着巨大的发展潜力,多样的地理、气候、土壤优势,造就了丰富的生物多样性。云南素有彩云之南之称,享有"植物王国"和"动物王国"的美誉,云南的高等植物有 1.5 万种,占全国的 46%,脊椎动物有 1416 种,占全国的 52.8%,微生物约占全国的 60%。云南省是中国生物多样性最丰富的省份之一,也是全球 34 个物种最丰富的生物多样性热点地区之一。与此同时,复杂的地形地貌也导致其生态环境比较脆弱和敏感,最终导致云南境内广泛分布有大量的生态功能区、生态敏感区、生态脆弱区。云南作为全球为数不多的生态环境多样性、生物多样性和民族文化多样性"三多一体"的地区,而这种多样性又是十分脆弱。如图 2-1 所示为梅里雪山风光。

图 2-1　梅里雪山自然风光

在云南省委、省政府高度重视下，坚持人与自然和谐共生理念，以改善生态环境质量为核心，持续加强对典型生态系统的保护，全力以赴打好污染防治攻坚战，云南生态环境保护工作取得了前所未有的新成就，生态环境持续优良，绿色发展更加深入，最美丽省份建设全面开启。通过划定严守生态保护红线，自然保护地 100% 纳入生态保护红线。截至 2022 年初，全省划定生态保护红线面积 11.84 万 km²，占全省面积的 30.9%，其中，生物多样性重要区域划入红线面积 6.53 万 km²，占红线面积的 55.2%。滇东南、滇南、滇西、滇西北、无量山—哀牢山等生物多样性保护重要区域均划入生态保护红线。云南已划建国家公园、自然保护区、风景名胜区、地质公园、森林公园、湿地公园、水产种质资源保护区、矿山公园、沙漠（石漠）公园、水利风景区及国际履约的自然保护地等 11 类 360 处自然保护地，保护面积达 8294.6 万亩（约 5.5 万 km²），约占全省面积的 14.32%。各类保护地的建立，使云南省 90% 的典型生态系统和 85% 的重要物种得到了有效保护。

2.2　云南公路生态环境现状

2.2.1　云南公路建设的发展成就

云南特殊的地理地貌造就特殊生态类型的同时，也给交通建设带来极大困难，长期以来，山高箐深的特殊地质地貌导致云南综合交通建设成本和难度高，加上历史原因和一些其他因素，云南交通基础设施滞后明显，这是云南省经济发展水平与我国其他地区相比较为落后的重要因素之一。对于云南的发展而言，交通运输具有突出重要的引领带动作用。加快推进云南交通运输建设，不仅关系交通运输行业自身发展，还关系云南省乃至全国经济社会发展的全局。因此，近年来，云南持续加大交通基础设施建设的力度，截至 2022 年底，全省公路总里程达 31.6 万 km，其中高速公路 10249km、居全国第 2 位，实现 120 个县通高速公路、129 个县全部通高等级公路;2022年累计新改建农村公路1.9万km,其中374个现代化边境小康村、自然村实现100%通硬化路,农村公路总里程预计达到27.9万km,居全国第2位;国省干线和大滇西旅游环线公路项目建设稳步推进,孔雀山隧道贯通,德贡公路提升完善工程全线通车,德贡公路沿线自然风光如图2-2所示。基本形成了"七出省五出境"高速公路网,外联内畅的综合运输大通道加快建立,实现了交通运输从"基本缓解"到"基本适应"的重大转变。云南贫困地区行路难问题得到了历史性解决,交通运输成为十年来云南变化最大、群众感受最深、成效最为明显的行业之一。

图2-2 德贡公路沿线自然风光

2.2.2 云南公路生态环境保护工作情况

云南省在加快公路建设的同时,也对沿线的生态环境造成了一定的影响和破坏,致使公路穿越区域生态环境问题日益加剧。公路建设和运营过程中对所经区域的社会经济环境和自然生态环境都会产生系统性的影响,而且每个部分的影响都是综合的、多方面的、复杂的。云南多条公路直接穿越或间接影响各类自然保护地,对沿路的环境造成很大压力。如思小、小磨高速公路穿越了亚洲象的活动区域;腾冲至泸水二级公路,经过北海湿地自然保护区;云南省内干线黄草坝—南伞的三江口至象达段沿途经过省级自然保护区小黑山,内有国家濒危物种一级保护植物桫椤,二级保护植物翠柏,国家二级保护动物白鹇、鸳鸯、红嘴相思鸟,属生态环境重点保护地区。由于公路建设过程中对生境的扰动和破坏,边坡扰动造成的水土流失,施工过程中造成水体污染、噪声和振动影响等影响,不少资源生存条件日趋脆弱,生态保护亟待进一步加强。云南省交通运输行业环境保护工作始于20世纪90年代初。经过二十多年的摸索和发展,云南省交通运输行业的环境保护工作在政策制定、机制建立、行业污染控制、环境监管、生态保护与建设、能力建设等方面都取得了一定的成绩,形成自身工作特色,有力地支持了云南省交通运输行业的快速发展,主要体现在以下几个方面:

（1）环保理念在公路建设规划阶段得到体现。在公路规划阶段开展环境保护论证工作，从源头上减少了对生态环境的影响，在公路规划方案的确定过程中，尽量避让了自然保护区、水源保护区和珍稀动植物保护区等环境敏感目标，尽可能节约土地等资源。

（2）环境保护"三同时"制度得到了全面的贯彻。公路交通基础设施建设过程中同步设计和建设了相应的环保设施，行业污染治理能力得到明显提升。

（3）生态保护力度日益加强。在公路交通基础设施建设过程中积极采取生态保护和修复措施，并实施了水土保持、湿地恢复、动物通道等生态保护工程。

（4）全面落实建设项目环境管理要求。公路工程建设项目实施之前全部依法开展了建设项目环境影响评价报告的编制工作，在项目实施过程中开展环境监理工作，工程竣工验收后开展环境保护专项验收调查工作，并形成竣工环保验收调查报告。公路运输行业建设项目环评执行率，环评和竣工环保验收通过率都达到100%，有效保障了交通运输建设任务的顺利完成。

2.3 云南公路建设对生态环境的影响分析

在建设绿美公路过程中，有必要加强相关区域受公路穿越的影响研究，分析和识别云南山区公路不同生态区域的公路的主要生态问题，提出缓解对策，为云南山区不同生态区域的公路建设和运营提供理论依据和技术策略，最大限度减少或消除其对生态环境的影响。

2.3.1 公路项目环境影响的识别原则和方法

（1）施工期环境因素识别原则。

公路建设对生态环境的影响分析先要对公路施工过程中的环境因素进行分析。公路施工期的环境因素就是在公路建设项目施工过程中与环境发生相互作用的某些要素，一般对环境因素进行识别，通常分为三个步骤：

①分析施工期内的活动与过程。对公路建设项目施工期内的全部活动过程进行分解，分析其子过程或者子活动与环境发生作用产生哪些因素，因此确定环境因素的范围，从而确定环境因素清单。

②考虑其三种状态。对环境因素进行识别，不仅要考虑其正常情况下对环境可能产生的影响，还要考虑在异常情况下可能对环境产生影响的环境因素。通常考虑其三种状态：正常状态、紧急状态、异常状态。

③环境影响分类。在不同的状态下，不同的环境因素对环境产生不同程度的影响，根据对环境因素产生的影响进行分类，更好地确定环境因素性质。

（2）施工期环境因素识别方法。

环境因素识别的方法主要有：过程分析法、产品生产周期分析法、工艺流程物料衡算法、问卷调查法、现场观察及资料评审法、专家评议法等，这些识别方法各有利弊，适用场合不同。因此依据实际需要选择上述一种或几种方法组合使用，这样才能达到预定的识别效果。

①过程分析法。通常把组织活动、产品或服务的全过程划分成许多过程片段,再根据某一过程片段分别识别出相关环境因素。

②问卷调查。先准备好一系列问题,到现场查看和与相关人员交谈的方式,来获取环境因素的信息。问卷的设计应本着全面和定性与定量相结合的原则,问卷包括的内容应尽量覆盖组织活动、产品、服务中以及其上、下游相关环境问题中的所有环境因素。在设计问卷时可以考虑不同专业或不同活动的相关人员参加。

③现场调查(评审)。现场观察和访谈是快速直接地识别出现场环境因素最有效的方法。这些环境因素可能是具有重大环境影响的,或者是具有潜在的重大环境影响的,有些还明显存在着较大的环境管理风险。

④查阅文件和记录。公路施工单位一般都存有一定量有价值的环境管理方面的信息资料和文件,进行环境因素识别时应认真收集这些文件和资料。

对于上面所介绍的环境因素识别方法,在运用时要根据自身的活动特点,选择适用的一种或几种方法。一般这几种方法在使用时往往是两至三种方法综合使用,如:现场考察辅以问卷调查,专家咨询辅以文件资料的查阅,在运用中关键是要注重实际的可操作性。

2.3.2　公路建设期生态环境影响分析

公路建设对沿线路域生态的影响范围,一般在公路中心线两侧向外200m左右,路线越长,穿过的生态系统越复杂,其破坏和影响的程度范围就越大。由于云南山区地形和地貌复杂多变,生态环境非常脆弱,在高原山区公路施工建设过程中形成大的挖填方,引起岩土体移动、变形和破坏,诱发各种地质灾害,对自然环境的破坏面大,更容易导致原生植被和动物栖息地被破坏、水土流失,以及局部环境恶化等系列生态环境问题。云南山区公路建设的环境影响主要表现在永久占用耕地对农业生态系统带来一定的影响;占用土地造成植被的损失和生物量的减少,对植被的数量及生态功能有一定的影响;修建公路须取土填筑路堤,开挖岗丘形成路堑,破坏原有植被、土体的自然平衡。

如图2-3所示,公路建设阶段对生态环境的影响途径主要包括施工活动造成的施工噪声污染、施工废水不规范处置造成的水体污染和施工扬尘造成的空气污染,机械设备的使用等使植被、地形地貌发生改变,使土地和水体的生产能力及利用方向发生改变,以及由于生态因子的改变而使自然资源受到影响。具体主要有以下几个方面。

a)施工噪声污染　　　　b)施工弃渣污染自然水体　　　　c)施工扬尘污染

图　2-3

d）临时驻地固体废弃物污染　　e）拌和站生产废水不规范处置　　f）施工泥浆随意堆放

图 2-3　云南山区公路施工主要生态环境问题

2.3.2.1　对水环境的影响分析

对水环境的质量产生不利影响的物质称为公路水污染源。公路施工会对周边的水体造成污染，主要是公路施工过程中人为因素造成的，污染来源主要是生活污水和施工废水。见表 2-1。

公路施工期水污染源及主要污染因子　　　　　表 2-1

产污场所	污水来源	污水类别	主要污染物
施工营地	施工人员生活污水	生活污水	SS、COD、BOD/氨氮、动植物油、磷
施工场地	拌和站废水、车辆冲刷废水、隧道施工废水、桥梁施工泥浆废水等	施工废水	SS、COD、石油类、氨氮
	施工场地降雨引起的地表径流	地表径流	SS、COD、石油类等

（1）生活污水。

公路施工期的生活污水主要包括施工驻地的厕所排水、厨房洗涤排水及沐浴、洗衣排水。生活污水的水质比较稳定、浑浊，呈深色，一般不含有毒物质，但有恶臭且呈微碱性，常含有大量的营养物质，其成分主要取决于人们的生活水平和习惯，与气候条件也有密切联系。生活污水在排放后极易产生大量细菌、病毒和寄生虫卵，对公路附近的环境造成污染。

（2）施工废水。

①临时施工场、站的施工废水。临时施工场地内如搅拌机、拌和站、预制场、钢筋加工厂和材料堆场等场站，在施工时产生施工废水，主要污染物为悬浮固体，其特征为含沙量大，悬浮物多。

②公路施工机械和车辆的维修、冲洗废水。运输车辆定期维护时冲洗车辆的废水，机械维修站、油料储存供应点在日常操作过程中产生的含油废水，主要污染物为石油类、悬浮固体。

③隧道施工废水。隧道施工涌水导致产生的废水，其主要污染物为石油类、悬浮固体。

④桥梁施工产生的废水。在桥梁施工中，钻机及其他施工机械操作过程中产生的含油废水以及桩基础施工过程中产生的泥浆废水，主要污染物为石油类、悬浮固体。

（3）对水环境的影响。

①对地下水的影响。在公路项目施工过程大量的土石挖方,不合理的排水等活动造成地下水位的变化,打破原有的生态平衡,易造成土壤侵蚀、饮用水和农畜用水流失及影响动植物生存。

②对地表水的影响。改变地表径流,地表侵蚀加剧。在运营阶段,施工存留的土石方和各种垃圾会对水体造成污染。

2.3.2.2　对空气环境的影响

公路建设施工是典型的无组织扬尘源,具有很高的排放潜势,可以在短时间严重影响当地的空气质量。除了具有排放潜势高以外,施工扬尘的最大特点是多变性,包含无组织排放的所有特点,是最难以把控的无组织扬尘,污染呈现时空多变、形式多元等复杂特征,监测、评价和管理都比较困难。云南省生态环境厅和云南省交通运输厅联合下发了《关于加强高等级公路建设项目施工扬尘污染防治的通知》（云环发〔2021〕6 号),对公路施工扬尘治理提出了明确的要求。公路对空气环境的主要影响表现在:

①扬尘污染。在公路施工建设中,路基的填挖、土石方的调运、工程机械的施工等都会对裸露土源及路边的积尘等造成很大扰动,公路施工扬尘产生的颗粒物污染也已成为空气污染的主要因素之一。当发生降雨时,还可能形成酸雨腐蚀建筑、树木等;当颗粒物进入人体内时还会引起一系列的疾病,危害施工人员和周边居民的生命安全。

②粉尘污染。混凝土和灰土的拌和作业都会导致粉尘污染,对公路周边环境造成空气污染,使得周边大气质量劣化。当这些尘土附着在植物叶片上后,由于颗粒粒径十分微小,被植物表面吸附后,会对植物的光合、呼吸和蒸腾作用产生影响,甚至会致使植物枯萎死亡。

③在沥青混合料的拌和过程中,产生的沥青烟中含有苯类、酚类等对环境有害的物质。

2.3.2.3　对声光环境的影响

施工过程中产生的声污染主要来源于筑路机械在施工过程中产生的噪声,机械在运输建筑材料、进行施工作业的过程中会产生大量的声污染,在夜间尤其突出,对居民区和周边环境造成严重的影响,因此在靠近居民区的施工现场应尽量避免夜间施工。

2.3.2.4　固体废弃物污染

公路建设项目涉及的施工材料较多且工程数量较大,会造成大量的失去利用价值的固体废物。公路施工固体废弃物来源及主要组成见表2-2。

公路施工固体废弃物来源及主要组成　　　　　　　　　　　　　　　表 2-2

产污场所	来源	主要组成
生活办公区	食堂 办公区 宿舍	餐厨垃圾 废纸、烟灰、茶渣、废灯管 废气垃圾、粪便
基础施工	地表清理、建筑物拆路基开挖 路基填筑	建筑垃圾、残缺树枝 弃土、弃渣 土石方运输过程中洒落

续上表

产污场所	来源	主要组成
场地施工	拌和站 混凝土浇筑 机械维修	泥浆 混凝土废料 废机油、废配件
桥涵工程	河道开挖 钻孔、打桩	污泥 泥浆
隧道工程	隧道开挖	弃土、弃渣

公路的固体废弃物一般分为两类:一类是施工过程中所产生的废物,称为施工垃圾;另一类是生活垃圾。施工垃圾主要来源于高速公路施工工程;生活垃圾主要是来源于生活办公区。施工垃圾主要是工程占地范围内清表产生的建筑垃圾、表层弃土及废弃植物;路基土石方施工中挖出来的不满足路基填筑要求的弃土;隧道施工中的挖出的弃渣;废弃桥梁等。

公路施工现场的固体废弃物对环境的影响有:

①占用土地,污染土壤。固体废弃物的随意堆放,占用了土地经雨淋易浸出毒物侵入土壤,使土壤毒化、碱化、破坏土壤内部结构,严重时则会导致"寸草不生"。污染物在土壤中积累,被植物吸收,可通过食物链危及人类。

②污染水体。固体废弃物可随天然降水或刮风进入地表水,有害成分经水浸泡、溶解,随渗透经土壤进入地下水或直接投入江河湖波等造成水污染。即使无有害物质的固体废弃物,也会造成河床淤塞,水面降低,从而污染大气,影响环境卫生。固体废物的各种物理化学及生化反应,如生活垃圾易腐败变质、散发臭气和产生各种有害气体,污染大气。固体废弃物中的粉末和细小颗粒会因风的作用而加重空气中的粉尘含量。另外,处理固体废弃物的燃烧过程也会对大气造成不同程度的污染。

2.3.2.5　对生态环境影响分析

(1)对土地利用方式及土壤的影响。

公路作为一种大型基础设施,建设过程中必然要占用大量的土地,从而改变了所经地区的土地利用方式。公路建设期间对土地利用格局的影响主要体现在三个方面:

①永久性占用土地。公路及其附属设施需要占用大量土地,这些被占用土地的绝大部分或为良田、湿地,或为林地或其他经济作物用地,一旦被征用,便永久性地失去了其原来的生态功能。

②取弃土场。由于公路建设往往需要进行大量的挖填方工程,这就使得沿线范围的取弃土场修建成为必要。在取弃土过程中,这些场地的原有生态系统一般会遭到严重的破坏和影响,因而影响到相关土地的利用格局。

③临时性占用土地。项目建设期间,施工机械、人员对地面的践踏、临时进出通道、物料堆放等临时性占用土地也会对原有土地产生较大影响,从而影响到其生态、生产或社会经济功能。

公路建设过程中机械工作引起的土壤物理性质的改变。主要有以下几个方面:孔隙度变低,通气能力减弱,土壤的水土保持能力下降;土壤内的空气和水的流动性减低,产生污染的可能增加;土壤产生不均匀变化,层次性降低;土壤污染,土壤贫瘠。

(2)引发环境地质灾害。

公路建设尤其是在云南山区地质脆弱地区对自然资源的过度开发和不合理利用导致的环境地质问题较为严重,大规模的地形变化、土壤填挖、植被破坏等容易造成区域性的土壤侵蚀、水土流失、山体滑坡、河流阻塞等问题,不仅为生态环境的恢复带来困难,还经常造成经济的损失并危及人民生命财产的安全。

(3)对周边地面水分配及水环境的影响。

公路的路基、涵洞的建设改变了水渠和排洪沟的走向,从而对沿线地区的地面水分配以及能量流动产生影响。而水流产生的能量改变,甚至可能影响到距离道路很远的地方的水域环境。另一方面,施工过程中污染物的释放以及水土流失引起的悬浮物增多也会对沿线范围的水环境和水生生物产生影响。

(4)对周边生态系统的影响。

公路建设需用到大量的建筑材料,出于经济方面的考虑,这些材料中的绝大部分如沙、石、泥土、水泥、木材等大多取自周边地区,这种取材活动有时甚至达到很高的程度,从而对周边地区生态系统的地形、土壤、水分和生物产生影响。

(5)造成外来物种的散布。

①公路工程施工过程中把外来植物的种子带到本地区。

②公路施工对植被和土壤的清除,对填方及对坡度的改变,有可能为外来植物的进入和发展创造条件。

③公路周边植被和土壤环境的改变,降低了乡土植物的生长活力,从而为外来种提供了一个竞争相对较少的入侵环境。

(6)对动植物的影响。

公路建设的永久性占地、临时性占地会破坏路域内植物原有的生活环境,导致原有植物数量的下降,破坏土壤造成植物的死亡,造成不可逆的破坏,严重影响植被群落的自然演替。绿化过程中带来新的植物品种导致外来物种入侵,打破当地生态平衡。施工过程和运营阶段的空气污染,影响植被的光合作用,导致植被死亡。

2.3.3 公路运营期生态环境影响分析

公路通车运营过程中,会对周边生态环境产生汽车尾气污染、生物通道阻隔等不良影响。尤其是公路的扩展效应和集聚效应使公路周边的土地利用方式发生变化,进而加剧对生态环境的干扰和破坏作用。因而,在公路的运营过程中,必须重视生态环境问题,尤其是云南山区的一些特殊生态区域,如生态功能区、生态敏感区、生态脆弱区,更应该受到关注和保护,这些区域一旦遭到破坏,恢复非常困难,甚至基本无法恢复。此外,公路运营,还会造成对沿线居民的噪声污染,汽车尾气排放等导致的空气局部污染,以及空气污染沉降而导致的土壤退化及重金属局部污染。公路运营期污染物排放见图2-4。

2.3.3.1 对水环境的影响分析

公路运营阶段,施工存留的土石方和各种垃圾会对水体造成污染,汽车在公路上行驶带来的垃圾及油污会污染地表径流,造成公路附近的水体污染,危害生态平衡。服务区污水设施故障造成的水质污染,公路沿线的加油站和休息区产生的生活垃圾,如得不到科学的处理方式,形成的污水具有较大的危害性,排入水中造成的污染很难治理。

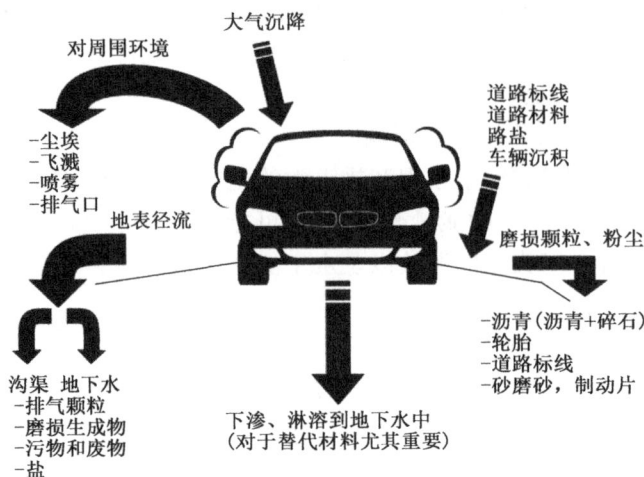

图 2-4　公路运营期污染物排放(修改自 ROADEX Network)

2.3.3.2　对空气环境的影响

机动车排放的废气颗粒通常源自废气和非废气源。随着颗粒过滤器的广泛应用以及电池电动汽车(BEV)、氢燃料电池汽车等新能源汽车的增长,机动车尾气(废气)排放已经大幅降低甚至消除。

(1)尾气排放的废气:车辆排放的 CO(一氧化碳)、NO_2(二氧化氮)、IP(可吸入颗粒物)、Pb(铅)和 C_xH_y(碳氢化合物)等都可对生物造成直接的伤害,间接造成雾霾、酸雾、光化学污染。

(2)非废气排放:主要由紧急制动、轮胎和路面的磨损产生的轮胎磨损颗粒,汽车汽油、发动机、轮胎、润滑油和镀金部分等燃烧或磨损而释放出含有大量 Pb、Cd、Cu 和 Zn 等重金属的有害气体和粉尘,以及公路灰尘的再悬浮产生的非尾气颗粒。非尾气排放的固体颗粒物在干燥的天气下容易沉积并积聚在公路和城市公路表面上形成公路沉积物(RDS),RDS 被认为是公路和城市公路上污染物的最重要载体,许多有毒污染物主要存在于公路沉积物(RDS)中。多项研究表明,RDS 中的重金属浓度随着颗粒尺寸的减小而增加(Jeong and Ra,2022;Guo et al.,2022)。轮胎磨损颗粒(TWP)作为非废气排放的重要部分,占到交通非废气排放的 5% ~ 30%,全世界每年排放超过 600 万 t。RDS 中重金属的来源追踪对于污染控制和人类健康风险管理至关重要。

2.3.3.3　对声光环境的影响

公路运营过程中,与原生态环境不相符的声光改变了原环境的声光条件,影响当地的动植物的生活环境,造成当地居民的生活不便。其中,噪声危害分析如下:

(1)损害听力。长期在强噪声中工作,会造成永久性的听力损伤,如若在此环境中工作一天会产生暂时性听力损失。

（2）造成神经衰弱。长期在噪声环境下工作生活,会使人产生头痛、头晕、耳鸣、失眠等症状。

（3）会对视力产生影响。噪声可以造成眼痛、视力衰退、眼花等症状。

（4）噪声使人出现食欲不振、恶心等症状,并干扰人体内分泌,使人体血液中油脂及胆固醇升高,则甲状腺活动增强并轻度肿大。

（5）干扰睡眠、交谈、工作、思考。噪声超过65dB（A）时,人会感觉到吵闹,相隔1.2m说话就会比较困难。

（6）对人体心理的影响。在噪声中人易产生烦恼,并容易激动甚至失去理智。

（7）对动物的影响。强噪声会使鸟类的羽毛脱落,甚至内出血最终死亡等。噪声的影响复杂且广泛,既影响人的心理及生理,还会扰乱人类的正常生活与工作,并对沿线的动植物也会产生不利的影响。因此,在公路施工过程中一定要注重噪声问题。

2.3.3.4　对生态环境的影响分析

在景观生态学中,公路被称为廊道。公路作为一种人工干扰廊道,其廊道效应在一定程度上影响景观的连通性,阻碍生态系统间的物质和能量的交换以及相邻景观间物种的迁移。这种"屏障"增加了景观和生物栖息环境的破碎化。因此公路建设会破坏动植物的栖息环境,对动植物的种类、种群数量、分布、生活习性、迁移等带来影响。主要分为以下几个方面:

（1）植物生息环境的破坏。运营管理阶段排放的污水对土壤造成的严重的污染严重,极大地破坏土壤肥力,其中重金属污染的后果常常是对土地造成不可逆的破坏,导致植物无法存活。

（2）公路的廊道和分割效应,导致植物之间的信息和物质的交流产生困难,造成的植物种群数量减少、物种退化。同时,人类活动频繁程度加大,也对植物资源产生巨大的威胁。公路的廊道和分割效应,造成了原有的生物活动路线改变,原始的生态系统被分割成生物孤岛,动物的活动受到了限制,公路的阻隔效应对野生动物的迁徙造成极大的破坏,噪声、光污染这些原因都会造成动物的死亡。破坏了原栖息地的整体性带来的后果常常是生态物种多样性的下降和生物数量的减少。

（3）交通事故造成的动物死亡。对于云南山区,尤其是生态敏感区,公路运营会影响重要物种（如亚洲象）的迁移、散布、繁衍,造成轻微的直接或间接影响,产生轻度干扰和障碍。对鸟类重要物种的迁移、散布和繁衍影响小。车流量的明显增加,会对小型兽类、两栖爬行类重要物种的迁移、散布和繁衍产生一定影响。

2.4　云南山区公路生态环境保护措施

2.4.1　公路项目声环境保护措施

公路项目一般通过收集沿线声环境功能区划资料,调查距公路中线两侧向外200m范围内的声环境敏感目标,识别声环境敏感目标所处的声环境功能区。公路项目的声环境功能区环境噪声应满足现行《声环境质量标准》（GB 3096）相关要求,不满足的应进行降噪处理。建设单位可根据路线与敏感目标的距离、高差、外环境等情况,在预测敏感目标超标量的基础上,结合声环境敏感目标执行的声环境质量标准,经技术论证后采用。常见交通噪声降噪途径及降噪方案见表2-3。应通过采取低噪声工艺和设备、合理选择施工时间等措施控制施工噪声对噪声敏感点的影响。

常见交通噪声降噪途径及降噪方案 表2-3

降噪途径	降噪方案
噪声源治理	降噪路面、禁鸣、减速标志等
噪声传播途径控制	声屏障、降噪林、路堑、土堤等
噪声敏感目标保护	隔声窗、隔声门、隔声阳台和外走廊
管理措施	调整线位、调整建筑物使用功能、环保搬迁
施工噪声防治	避开噪声敏感点、施工设备采用降噪措施

(1)噪声源治理。

①降噪路面:可采用多孔沥青路面、SMA路面、橡胶沥青路面等进行降噪;路面类型应结合项目特点、降噪要求等通过技术经济比较确定。

②设置限速、禁鸣标志:在满足安全通行条件下,公路项目建设单位应在声环境敏感目标路段设置限速、禁鸣标志,减少交通噪声干扰;限速、禁鸣标志应符合现行《公路交通标志和标线设置规范》(JTG D82)的要求。

(2)噪声传播途径控制。

①声屏障降噪。

公路项目的声环境敏感点附近交通噪声超过现行《声环境质量标准》(GB 3096)规定限值,且建筑物规模较大、分布较集中时,在不影响公路结构和使用安全前提下,可采用声屏障。声屏障具体形式、高度、长度,可根据降低目标噪声值要求,进行插入损失计算,确定的声屏障插入损失不应小于降低噪声目标值。根据现行《公路声屏障 第3部分:声学设计方法》(JT/T 646.3)进行声学计算;声屏障外延长度不宜小于受保护对象到声屏障距离的2倍,声屏障长度大于1km时,需设紧急疏散口;对于填方段声屏障内侧距离路肩边缘距离不宜大于2m,路堑段宜设置在挖方坡顶1.5～2.5m之间;桥梁处声屏障与护栏应一并设置防脱落装置,护栏顶宽不应小于220mm,当小于220mm时,声屏障立柱底座需进行特殊构造设计。

公路声屏障基础形式应根据所处位置地基情况确定,路基段一般可设置条形连续梁,下部结构根据地质情况可采用扩大基础、桩基础、直接置于基岩上等形式。桥梁段应采用连接螺栓连接声屏障和护栏。声屏障外形和颜色应与附近主体工程、区域自然环境、人文环境相协调。而声屏障设计一般使用年限为10年。

②降噪林、绿化带降噪。

在绿美公路建设中,对于景观要求较高且场地允许的环境敏感点路段,建议优先考虑设置降噪林。为达到降噪效果,降噪林的段落填挖高度不应过大,可采用乔、灌木密植的方式。此外,降噪林距离路基边缘的距离应不小于2m。在选择降噪林的植物时,建议优先选择具有隔声效果良好的常绿乔木和灌木。在公路附近的厂矿区、城镇段,还应选择具有抗二氧化硫、二氧化氮和氯气等大气污染能力强的树种。降噪林的宽度不应小于10m,可以采用排植的方式,即乔灌木间杂种植。此外,乔木的高度不应低于4m,灌木的高度不应低于1.5m。具体植物的高度应根据汽车噪声源与绿化林带的距离、高差等综合因素来确定。

③利用地形降噪。

在地形和环境条件允许的情况下,公路的建设单位可以设置路堑来降低噪声对敏感点的影响。路堑的坡形、坡率和防护绿化等可以与公路边坡一致。路堑的深度和长度需要结合线形并通过声学计算来确定。

在环境敏感点附近,如果有较多的废方且地形允许,也可以设置土堤来降低噪声。土堤的高度、长度和宽带应该通过声学计算来确定。土堤的坡形设计应该合理,边坡坡比宜缓于1∶1.5,高度大于10m时应设置台阶,台阶宽度不宜小于2m。坡面可以结合周围环境采用植草、灌或植树处理。此外,土堤应该做好截、排水措施,确保路基自身稳定。

(3)噪声敏感目标保护。

对于不适用上述措施的,声环境敏感目标可通过敏感建筑物设置隔声窗、隔声门、隔声阳台和隔声外走廊等围护隔声措施,降低噪声影响,保证敏感点内合理的声环境质量。隔声窗及隔声门应可参照《建筑门窗空气声隔声性能分级及检测方法》(GB/T 8485)、《隔声窗》(HJ/T 17)和《环境保护产品技术要求　隔声门》(HJ/T 379)的有关规定。

(4)管理措施。

绿美公路的设计阶段,调整线位时应进行经济技术分析,线位调整后,声敏感点接收的公路噪声值应满足《声环境质量标准》(GB 3096)中各类声环境功能区对应的噪声限值要求。若采取各类措施仍无法满足声环境功能区要求时,可采取环保搬迁或改变建筑使用功能。

(5)施工噪声防治。

公路的施工场地选择应落实项目的环评文件及批复要求,尽量避开噪声敏感点,条件受限时,施工设备应采取降噪措施。施工组织设计应对邻近噪声敏感建筑物的施工机械提出降噪措施;对于邻近噪声敏感区域的公路隧道和挖方段可参照《爆破安全规程》(GB 6722)规定,提出爆破作业噪声控制要求。

在绿美公路的建设施工中,应尽量采用低噪声施工机械和工艺,例如加强各类施工设备的维护和保养,保持其良好地运转。施工车辆通过环境敏感区路段,严禁鸣笛。公路施工噪声应符合《建筑施工场界环境噪声排放标准》(GB 12523)的规定,对于场界噪声不达标的施工场地,应采取措施进行控制。声环境敏感目标周边施工应合理安排作业时间,采取降噪措施将施工噪声对居民的影响降至最低,严控夜间产生环境噪声的施工作业。

2.4.2　公路项目大气污染防治措施

环境空气污染防治应以保护人口集中区、自然保护区、风景名胜区等空气敏感区大气环境质量为重点,根据区域周边大气环境敏感度、空气污染物扩散气象条件选择相关防治技术。

绿美公路建设项目可通过前期收集公路项目区环境空气质量功能区划资料,对环境空气质量功能区为二级的区域,调查人口资源分布与公路线位、设施的位置关系。在公路的环境敏感点应加强环境空气污染监测。

(1)公路施工现场扬尘的控制。

人口密集地区施工作业应设置围挡,封闭施工。土石方施工作业中,施工单位可采用洒水抑尘等措施,公路的临时物料堆场应采取防风遮挡措施或全封闭,施工的物料运输路线需尽量远离居民区;对环境敏感点路段内的施工道路或临时道路应经常洒水处理和种植植被,减少粉尘污染;公路的隧道施工中需要加强施工人员健康防护,充分利用雾化除尘等清洁工艺,尽量降低粉尘对作业人员的影响。

(2)公路项目施工场站的扬尘控制。

施工场站颗粒物排放需满足现行《大气污染物综合排放标准》(GB 16297)的相关要求。公路的沥青搅拌站应设置在距离与环境空气质量一级区、二级区中城镇居民集中居住区域距离不小于300m的区域,且搅拌站应设置在当地主导风向下风口。施工场站应设置硬质围挡,道路地表及主要出入口应进行硬化并设冲洗装置。场站内水泥和砂石等散装物料堆场周围应设置不低于堆放高度的严密围挡,搬运及装卸应采取降尘措施。服务设施存渣场应采取密闭、覆盖等抑尘措施,生活垃圾应密闭化储存,并及时清运。

(3)公路项目的烟气防治措施。

施工阶段的沥青混合料、水泥混凝土及其他集料混合拌和设备应有除沥青烟气、除尘等设施。有条件的可采用温拌沥青技术减少沥青烟气排放。禁止焚烧沥青。

绿美公路的服务区、收费站和管理区等可采用电能、太阳能和天然气等清洁能源设备,厨房等设施应安装高效油烟净化设施,饮食油烟排放应满足现行《饮食业油烟排放标准》(GB 18483)的规定。汽车尾气防治可栽植能吸收有害气体的植物,环境敏感点附近有条件的可采用绿化林带净化空气。

2.4.3　公路项目水污染防治措施

绿美公路项目应避开饮用水水源一级保护区。经过饮用水水源保护区时,应设置警示标志。在饮用水水源二级保护区内不宜设置公共服务设施、搅拌站及取、弃土场;在饮用水水源准保护区内不得堆放或倾倒任何含有害物质的材料或废弃物。

(1)公路项目的回用水类别及执行标准。

根据《城市污水再生利用 城市杂用水水质》(GB/T 18920)、《农田灌溉水质标准》(GB 5084)、《城市污水再生利用 绿地灌溉水质》(GB/T 25499)、《公路服务区生活污水再生利用 第1部分:水质》(JT/T 645.1)和《再生水水质标准》(SL 368)中有关回用水的定义。建筑施工用水:用于建筑施工现场的土壤压实、灰尘抑制以及混凝土用水;冲厕用水:用于公共及住宅卫生间便器冲洗的用水;道路清扫用水:用于道路灰尘抑制、道路扫除(冲洗及喷洒)用水源的再生水;消防用水:用于市政、住宅小区及厂区消防的再生水;绿化用水:用于除特种树木(如古树名木)及特种花卉以外的庭院、公园、道边树及道路隔离绿化带、场馆及公共草坪,以及相似地区绿化的城市绿化用水;服务区公共绿地、高速公路绿化隔离带等限制性绿地用水;农田灌溉用水:用于为满足农作物生长需要,经人为输送,直接或通过渠道、管道供给农田的水。公路项目施工期生产生活污水、运营期生活污水经处理后作为回用水,一般可分为建筑施工、冲厕、道路清扫、消防、绿化、农田灌溉、林业(林灌)用水七类。

公路项目施工期生产生活污水、运营期生活污水可排入城市排水系统,纳入河流制排水系统中的路段,适用于《城市污水再生利用》标准系列一般规定。标准主要包括:《城市污水再生利用 分类》(GB/T 18919)、《城市污水再生利用 城市杂用水水质》(GB/T 18920)、《城市污

水再生利用　景观环境用水水质》（GB/T 18921）、《城市污水再生利用　农田灌溉用水水质》（GB 20922）、《城市污水再生利用　工业用水水质》（GB/T 19923）、《城市污水再生利用　地下水回灌水质》（GB/T 19772）、《城市污水再生利用　绿地灌溉水质》（GB/T 25499）。其中，《城市污水再生利用　农田灌溉用水水质》（GB 20922）仅适用于污水处理厂出水为水源的农田灌溉用水，而公路工程施工期、运营期废水处置不属污水处理厂项目，故而公路工程回用水不执行该标准。施工期生产、生活污水可执行《城市污水再生利用　城市杂用水水质》（GB/T 18920）、《农田灌溉水质标准》（GB 5084）、《再生水水质标准》（SL 368）标准。公路的运营期生活污水可执行《农田灌溉水质标准》（GB 5084）、《城市污水再生利用　绿地灌溉水质》（GB/T 25499）、《再生水水质标准》（SL 368）以及《公路服务区生活污水再生利用　第 1 部分：水质》（JT/T 645.1）。

（2）公路施工期污水处理。

施工营地应设置污水处理设施，生活污水应处理回用或达标后排放。涉水桥梁基础施工及滨河路段路基施工应采用围堰法或采取其他措施减少对水体的扰动。桩基施工中产生的泥浆应沉淀、脱水后外运，并按相关规定处理。隧道施工排水、预制养生用水和搅拌站排水等应循环利用或处理达标后排放。

施工过程中，需要注重保护公路沿线的地表水和地下水，严禁生产生活污水随意排放，严格禁止向地表水体倾倒废弃油料和沥青等有毒有害物质。公路经过饮用水水源保护区、执行现行《地表水环境质量标准》（GB 3838）中规定的Ⅰ～Ⅱ类标准的水体、鱼类自然保护区、种质资源保护区、重要水生生物的自然产卵场、索饵场、越冬场和洄游通道、天然渔场及建设项目环境影响报告确定的其他敏感水域路段，路面径流应设置沉淀池处理。

（3）涉及环境敏感区桥梁、路基和隧道的水污染治理。

绿美公路的桥梁跨越相关法律法规及环评要求的各类敏感水体时，应采用桥面径流汇集系统将桥面径流排至桥梁两端并设置沉淀池处理，对沉淀池的沉淀物应定时清理；对于公路的路基和隧道水排入饮用水水源保护区、湿地和养殖水体等敏感水体时，可设置沉淀池；紧急避险车道宜设置沉淀池纳蓄车辆泄漏的燃油及运输的有害液体。沉淀池兼具沉淀及储纳泄露有害物质的功能，其容量应考虑沉淀过滤、有害物质运输车最大容量和用于稀释有害物质的水量等因素要求，有效容积不应小于 $30m^3$，同时应满足环评报告中的容积要求。

（4）公路沿线的设施污水处理

公路沿线设施可设置污水处理系统，对污水进行净化。净化后水体应尽量回用，确需排至外部的，应满足相关标准和规范规定。

2.4.4　公路项目固体废物污染防治措施

公路项目的固体废物污染防治应遵循减少固体废物产生量、充分合理利用固体废物和无害化处置固体废物的原则，促进资源节约和循环利用，从各环节控制固体废物对周围环境的污染。云南山区公路建设与运营养护产生的固体废物应按工程弃渣、生活垃圾和危险废物分类收集及处置。此外，固体废物的储存及运输应采取防扬散、防流失、防渗漏及其他防止污染环境的措施，且符合国家法律法规的规定。

（1）公路项目弃渣污染防治。

公路项目建设期间，通过合理确定平纵线形，充分利用路基及隧道挖方作为路基填料，减少废方量。应结合地质情况及材料性能，优先利用路基及隧道挖方料生产建筑材料，同时要重视弃渣场安全和水土保持工作，合理选择弃渣场位置，做好防护和排水设计。工程弃渣应与生活垃圾分类堆放、储运和清理。大量集中堆放的工程弃渣应保证渣体结构的整体稳定，不得垮塌，危及群众生命财产安全。渣场应做好防排水设计和水土保持工作，不得产生水土流失，污染环境。同时，加强路域施工范围及取弃土场地的表土收集与利用工作，做好取弃土场和施工便道等临时用地的植被保护与恢复。对软弱土路基集中的项目应合理选择软基处理方式，在保证安全、经济的情况下尽可能选择挖淤少的方案；软弱土处理产生的淤泥应加强利用，减少废弃。

（2）生活垃圾污染防治。

公路项目的施工生活驻地应设置垃圾临时堆放点，堆放点应设防雨淋、防扬散和防渗漏措施；生活垃圾应及时清运至指定垃圾收集点或排放点处置。公路附属设施办公及生活垃圾应分类收集，配置垃圾收集和转运设施，并及时运送至指定的垃圾收集点或排放点处置；化粪池污泥及污水处理设施产生的剩余污泥应交由环卫部门定期清运。

（3）危险废物污染防治。

公路施工及养护过程中产生的危险废物应严格按照相关管理规定执行。危险废物应设置专门的收集及储存场所，严禁将危险废物混入其他废物中储存或进入弃渣场，严禁直接用作筑路材料。危险废物应委托具有危险废物收集经营许可证的单位运输及处置。

根据《中华人民共和国固体废物污染环境防治法》相关条款的规定：不设置危险废物识别标志的，处 10 万 ~ 100 万罚款；不正常使用污染处理设施，或未经环保部门批准拆除、闲置污染治理设施的，处 10 万 ~ 100 万元罚款；将危废提供或者委托给无经营许可证的单位从事经营活动的，所需处置费用三至五倍罚款，20 万起；不按规定填写危废转移联单或未经批准擅自转移危废的，处 10 万 ~ 100 万元罚款；将危废混入非危险废物中储存的，处 10 万 ~ 100 万元罚款；未经安全性处置，混合收集、储存、运输、处置具有不相容性质的危废的，处 10 万 ~ 100 万元罚款；未采取相应防范措施，造成危废扬散、流失、渗漏或造成其他环境污染的，处所需处置费用一倍以上三倍以下的罚款，所需处置费用不足 10 万元的，按 10 万元计算；在运输过程中沿途丢弃、遗撒危险废物的，处所需处置费用三倍以上五倍以下的罚款，所需处置费用不足 20 万元的，按 20 万元计算；未制定危废意外事故防范措施和应急预案的，处 10 万 ~ 100 万元罚款。

2.4.5 公路项目景观绿化措施

公路景观绿化是绿美公路建设的重中之重。2022 年，云南省发展改革委会同云南省住房城乡建设厅、云南省林草局等省直部门共同起草了《云南省城乡绿化美化建设导则》《云南省城乡绿化美化植树指南》《云南省城乡绿化美化推荐树种名录》3 个文件，为绿美公路的景观绿化提供指导。云南省交通运输厅关于印发《云南省绿美交通三年行动》及《云南省绿美交通技术指南》的通知（云交规划〔2022〕45 号），对绿美公路的景观绿化提出了明确的要求：

（1）适地适绿、因地制宜。结合综合交通行业特点，讲科学、讲技术、讲专业，在确保安全运营的前提下,科学化、精细化配置植物,以水而定、量水而行、宜树则树、宜草则草,遵循自然规律,发挥云南生物多样性优势,最大化使用乡土树种,充分利用原有植物,适地适绿、适地适美,构建可持续、低维护、地域特色鲜明的植物群落景观(图2-5)。

a)绿美高速公路超宽中分带效果图

b)绿美高速公路路侧效果图一

c)绿美高速公路路侧效果图二

d)绿美高速公路立交效果图

图2-5 部分绿美交通效果图(摘自《云南省绿美交通三年行动》)

(2)和谐自然、路景交融。在保护自然风貌基础上,让交通沿线景观充分融入自然水系、农田、林地等自然景观,突出绿色之美、人文之美、和谐之美。展现当地人文特质,做到路景交融、意韵丰富。

根据《云南省绿美交通技术指南》,绿美公路的景观绿化设计要求:绿美公路应践行最大限度地保护、最低程度地破坏、最强力度地恢复等设计理念,保护古树名木、现状植被,并针对边坡、立交区、取弃土场等区域加大生态恢复力度。对于环境恶劣、植物生长与管养难度大的区域,应严格遵循云南省各气候带下植物生长规律,以生态恢复、补绿提质为主,坚持生态养护、绿色养护,做到"栽、管、护"相结合。绿美公路建设应结合周边自然环境,融入自然,按照"宜透则透、显山露水、路景交融"的思路进行打造,依山就势、借景造景。

绿美公路的绿化养护需严格执行公路绿化养护有关规范、规定,建立标准养护制度,使运维工作标准化、职责清晰化、养护科学化,设定养护指标,持续改进,确保绿化效果长期稳定、美观。养护作业时必须充分考虑现有行车要求、交通安全、环境状况及道路维修等问题。病虫害防治要坚持"预防为主,防治结合"的原则,应根据各类绿化植物病虫害发生、发展和传播蔓延的规律及时检查,一旦出现病害,应采取有效防治措施,将危害与损失降到最低,确保绿化植物正常生长。应按相关规定对绿化苗木进行修枝整形,保证路容路貌的美观。对遮挡标志、标牌及影响行车视线和车辆安全通行的,要及时修剪。同时,要根据云南省内各地区的气候特征、土壤情况、自然降雨等情况,及时做好苗木的浇水工作,尤其确保春灌、冬灌、高温期的浇水工作。

CHAPTER 3

云南山区公路典型生态环境在线监测研究

　　生态环境监测是生态环境保护的基础,也是生态文明建设的重要支撑。生态环境监测获取的数据是了解环境质量、制定环保政策的依据,也是评价环保政策实施效果的指标。当前,我国环保、交通、农业、国土、水利、气象和中国科学院等各部门都从各自的角度对生态环境的相关方面进行监测。交通运输行业的生态监测应该立足于公路(水路)的生态监测,既能科学评估人类活动对生态环境的影响,又与其他部门的生态监测互为补充。交通运输环境监测作为交通环保工作的基础,对实现绿美公路的发展起到了至关重要的作用,其重要性日益显著。

　　公路生态环境监测是公路项目环境保护的核心,是建设绿美公路生态环境方面的一项基础性工作。为加快补齐云南省交通行业的生态质量监测的短板,扎实推进高质量、现代化交通行业生态环境监测体系建设。开展交通运输环境监测,尤其是典型云南山区公路生态环境在线监测研究,将为行业环境保护的政策制定、规划编制、监督管理、统计和科学研究等工作提供基础数据和科学依据,与云南省既有环境保护监测体系形成合力,显著提高环境监测网络的覆盖能力。

　　公路生态环境监测是一个动态的连续观察与测定过程,着眼于人类活动造成的生态破坏和影响的综合评价,环境监测的对象、过程和方法复杂多样。生态环境在线监测系统是以在线自动分析仪器为核心。生态环境在线监测技术比传统的环境监测具有明显的优势,公路都为线状结构,路线较长,离环境监测中心站较远的点位样品很难尽快检测,对样品的有效性及监测质量存在一定的影响,为提高监测效率及监测质量,需配备移动式监测设备,现场采样监测。同时,移动环境监测平台的建设,可以依托公路便捷的有利条件,辐射到更远的环境监测区域范围。生态环境在线监测不仅提高了环境污染监测的效率,在污染控制方面也起到了重要的推动作用。生态环境在线监测技术可以自动对环境中的气体和污染物质进行监测和限制,从而为公路项目的环境管理工作开展提供技术支持。

3.1 生态环境在线监测点建设

生态环境在线监测点是交通环境监测网络中重要的一个环节,是实现交通环境实时动态监测的有效手段,为了更全面、及时地掌握交通环境敏感区域的环境情况,同时为以后交通环境自动监测网络平台的完善提供参考。根据《云南省交通运输环境监测网络建设试点工程》项目的研究成果,生态环境在线监测点建设内容为:根据云南省高速公路交通噪声影响程度、沿线服务设施污染物排放状况以及穿越生态敏感区的影响情况,建设 7 套在线监测设备,其中:

(1)设置 5 套交通生态环境在线监测系统,分别为 1 套噪声在线监测系统、1 套可移动式交通环境空气在线监测系统、2 套可移动式水质在线监测系统及 1 套生态因子在线监测系统。

(2)另外配置可移动式噪声监测系统 2 套,用于移动式在线监测,同固定式在线监测系统相配合,研究交通环境动态变化。交通环境噪声、空气、水质和生态因子在线监测因子如下:

交通噪声在线监测因子:$L_{eq(A)}$。

环境空气在线监测因子:$PM_{2.5}$、PM_{10}、CO、NO_x。

水质在线监测因子:pH、COD、氨氮、石油类。

生态因子在线监测因子:下垫面气象条件、地表径流、土壤侵蚀和作物植被指标、动物行为在线监测等。

3.2 典型生态在线监测示范

思小高速公路为思茅到小勐养的高速公路,是《国家高速公路网规划》中重庆—昆明高速公路(M51)联络线昆明—磨憨高速公路(M519)中的一段,路线全长 97.7km,是中国首条穿过热带雨林的高速公路,沿线区域生物多样性丰富,野生珍稀动植物荟萃,珍稀、濒危物种多,还是我国亚洲象种群数量最多和较为集中的地区。思小高速公路作为穿越国家级自然保护区的特殊路段,设计时充分考虑设置野生动物通道(主要考虑亚洲象的通道)。亚洲象是《濒危野生动植物物种国际贸易公约》(CITES)附录 I 保护的物种,国家 I 级重点保护野生动物,在全世界分布的数量已不足 40000 头。2021 年,原本栖息在云南省西双版纳国家级自然保护区的一群野生亚洲象,一路向北迁移,经普洱市、红河州、玉溪市等州市后进入昆明市晋宁区地界,最终云南北移亚洲象群安全南返,引起了世界广泛的关注。

在前期现场调研基础上,项目组确定了亚洲象的活动路线与思小高速公路交叉点分布情况。为了评估高速公路建成后对亚洲象的影响和了解亚洲象活动规律状况,加强跨境联合保护体系建设,为科学决策提供依据。通过生态环境在线监测点的研究阐明交通设施对生态系统影响过程机理,探讨生态系统恢复重建的技术途径,最终选取在野象谷路段公路沿线架设了 3 套动物行为监测仪。

　　建设地点位于思小高速公路野象谷隧道观景台(生态因子在线监测系统、地表径流水蚀监测系统),思小高速大渡岗茶厂六队路段、思小高速野象谷南收费站及思小高速关坪收费站附近(动物行为监测仪)。

　　建设内容主要为:生态因子在线监测系统(包含1套生态因子监测仪)、1套地表径流水蚀监测系统和3套动物行为监测仪。在野象谷观景台绿化带建设300m²雨水径流实验场地和70m²生态监测试验区和15m²站房,并设置了占地60m²砖混围墙。安装了生态因子在线监测系统、地表径流水蚀监测系统和3套动物行为监测仪。生态因子在线监测系统采集的参数包含风速、风向、光合有效辐射、空气温湿度、雨量、大气中的CO_2、总辐射、气压、蒸发、土壤温度、土壤水分、土壤水势、土壤热通量、树干茎流、叶面湿度、水位、电导、水温。地表径流水蚀监测系统用于自动测量地表受雨水的侵蚀情况,自动记录地表径流的液体和固体量的大小、发生时间以及判断土壤承水能力,通过地面径流量大小结合气象降水和蒸发参数,以及土壤含水率的大小,判断土壤的入渗水平。动物行为监测仪主要是对野生亚洲象行为进行监测,研究亚洲象在公路范围内的活动规律。如表3-1和图3-1、图3-2所示。

生态环境在线监测点(野象谷)建设明细　　　　　　　　　　表3-1

点位名称	系统设备名称	地理位置	监测指标
野象谷生态在线监测点	生态因子监测仪 (含地表径流水蚀监测系统)	思小高速公路野象谷观景台	气象因子、植被生长生理因子及土壤各类参数因子的监测指标
			水土流失量
	动物行为监测仪	思小高速公路野象谷南收费站	动物行为监测
		思小高速公路关坪收费站附近	
		思小高速公路野象谷观景台	

a)生态因子监测仪及站房　　　　　　　b)关坪收费站动物行为监测仪

图3-1　生态环境在线监测点(野象谷)现场照片

图 3-2　思小高速公路野象谷生态在线监测点位置

3.3　典型大气在线监测示范

　　昆明绕城公路西北段主线经桃花村—沙朗—大波村—八宝山,全长 55km 多。主线采用双向六车道高速公路标准,设计时速 100km。其中明朗连接线采用双向四车道一级公路标准,设计时速 60km。昆明绕城高速公路既是国家高速公路网和西部开发省际通道公路的重要组成部分,同时也是云南省的干线公路骨架网的环线之一,是构筑国家交通大动脉、畅通省际交通的主动脉。西北绕城九龙(竹园)收费站,作为从昆曲高速公路上到西北绕城高速公路的必经之路,车流量大,且临近居民点(距华润中央公园小区最近距离约 95m)。通过安装环境空气在线监测系统和交通噪声在线监测系统进行空气质量和噪声的实时监测。

　　监测房建设地点位于西北绕城高速公路九龙(竹园)收费站入口岗亭处,站房占地 15m²,尺寸:5m(长)×3m(宽)×3.6m(高),结构为轻钢活动板房。站房由供电系统、通信系统、防雷系统和防火、防盗等基础设施组成。环境空气在线监测系统包括化学发光法氮氧化物监测仪、气体相关过滤红外吸收法一氧化碳监测仪、大气颗粒物浓度监测仪、在线仪器标定零气发生器、仪器标定动态气体发生器和大气气象自动监测仪等设备;交通噪声在线监测系统分别由噪声统计分析仪、交通噪声数据采集系统、噪声在线车流量监测系统和防护箱等组成。大气在线监测示范点明细见表 3-2,大气在线监测示范点现场如图 3-3、图 3-4 所示。

大气在线监测示范点明细　　　　　　　　　　　　　　　表 3-2

点位名称	系统设备名称	地理位置	监测指标
九龙(竹园)在线监测点	交通噪声在线监测系统	九龙(竹园)收费站岗亭旁	交通噪声、$L_{eq(A)}$
	环境空气在线监测系统		气象参数及 NO_2、CO、PM_{10}、$PM_{2.5}$ 等指标

a) 九龙(竹园)收费站   b) 监测站房外景

图 3-3　大气在线监测示范点现场照片

图 3-4　大气在线监测示范点位置

3.4 典型服务区污水在线监测示范

项目区特点：勐仑服务区位于我国面积最大、收集物种最丰富、植物专类园区最多的中国科学院西双版纳热带植物园(以下简称"版纳植物园")入口处。版纳植物园位于 $101°25'E$、$21°41'N$，海拔 570m，年平均气温 21.4℃，是世界上户外保存植物种数和向公众展示的植物类群数最多的植物园。小磨高速公路勐仑服务区监测点主要开展服务区污水处理设施的水质监测、周边环境空气及噪声监测，全面、及时地掌握交通环境敏感区的环境情况，为研究交通环境动态变化提供数据支持。在线监测系统具备环境指标自动测量、实时显示功能，动态输出小磨高速公路环境质量信息，并且数据通过网络实时传输到监控中心，实时反映环境变化情况。

监测房建设地点位于小磨高速公路勐仑服务区北区污水处理站旁，总占地 89.6 m²，站房尺寸:5m(长)×12m(宽)×3.6m(高),结构为轻钢活动板房。安装1套交通噪声在线监测系统、1套环境空气在线检测系统和1套水质在线监测系统。除硬件设施外还包括信息传输模块、平台支撑系统和管理应用平台。其中,水质在线监测因子为:pH、COD、氨氮、石油类、总磷。大气污染监测仪:包括 $PM_{2.5}$、PM_{10}、CO、NO_x 监测仪。气象仪:可测量风速、风向、温度、相对湿度、大气压力。现场校准系统:包括多种标准气体、一台零气发生器、一台动态校准仪。数据采集仪:可连续自动采集大气污染监测仪、气象仪、现场校准的数据及状态信息等,并进行预处理和储存,等待中心计算机轮询或指令。如表3-3和图3-5所示。

服务区污水在线示范点明细表　　表3-3

点位名称	系统设备名称	地理位置	监测指标
小磨高速勐仑服务区(北区)在线监测点	水质在线监测系统	小磨高速公路勐仑服务区北区污水处理站旁(站点距植物园1.84km)	pH、COD、氨氮、石油类、总磷
	交通噪声在线监测系统		交通噪声、LAeq
	环境空气在线监测系统		气象参数及 NO_2、CO、PM_{10}、$PM_{2.5}$ 等指标

a)勐仑服务区站房　　　　b)水质在线监测系统

图3-5　服务区污水在线示范点现场照片

3.5　典型水运码头在线监测示范

项目区特点:糯扎渡水电站位于云南省普洱市思茅区与澜沧县交界处澜沧江干流上,是澜沧江中下游河段梯级开发规划"两库八级"的第五级电站,属大Ⅰ型一等工程,以发电为主,兼有防洪、灌溉、养殖和旅游等综合效益。水库正常蓄水位812m,死水位765m,总库容237亿 m^3,正常蓄水位以下库容217亿 m^3,调节库容113亿 m^3,具有多年调节性能。上游转运码头距离水电站4.5km,建设3个300吨级货运泊位及1个客运泊位,货物设计吞吐量为50万 t/年,旅客吞吐量为30万人次/年,最大水位落差47m。

监测房建设地点位于云南省普洱市糯扎渡水电站上游转运码头,站房尺寸:8m(长)×3.3m(宽)×3m(高)。站房由供电系统、通信系统、防雷系统、清洁水源、防火、防盗等基本设施组成。380V、50Hz(30~40A)三相四线供电分相,使用外接24h不间断交流电;站房外采水管路通道通往采水点。如表3-4和图3-6、图3-7所示。

水运码头在线监测示范点明细 表 3-4

点位名称	系统设备名称	地理位置	监测指标
糯扎渡水电站上游转运码头在线监测点	水质在线监测系统	糯扎渡水电站库区上游转运码头	pH、COD、氨氮、石油类、总磷

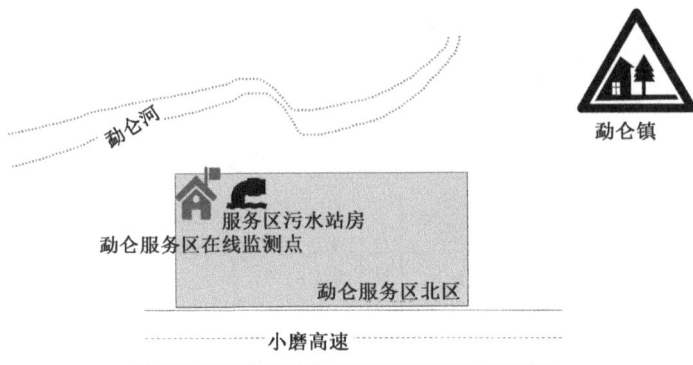

图 3-6　服务区污水在线示范点位置

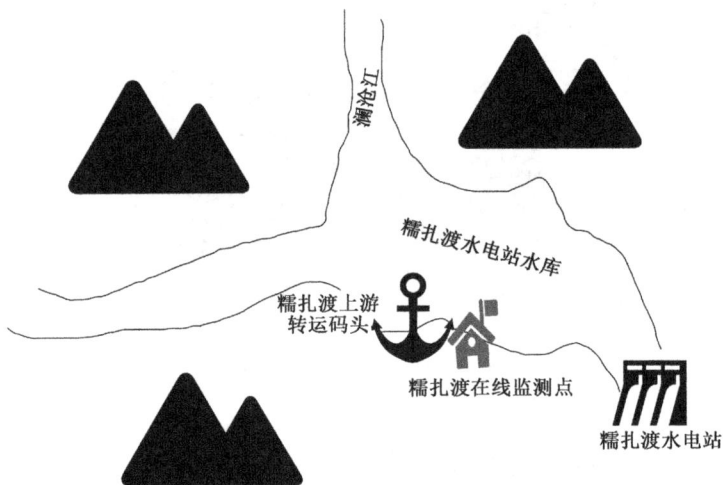

图 3-7　水运码头在线监测示范点位

4

云南山区公路生态环境
评价指标体系研究

当前,对于绿美公路建设的生态环境评价并无统一的要求和标准。对于如何评估绿美公路建设效果,评价指标体系亦没有构建,量化绿美公路环境质量方面的研究更是空白。通过对云南山区的公路生态监测与评价技术研究,分析公路建设项目对生态环境的影响,建立公路生态评价指标体系,对绿美公路的可持续发展状态和能力作出全面客观的判断,从而找准生态环境监测工作的新定位、新方向,才能全面及时地掌握和评估绿美公路实施的生态成效及存在问题,只有全面及时地掌握和评估绿美公路实施的生态成效及存在问题,建立一套完整的、系统化的生态环境保护策略,才能不断提升和完善绿美公路的生态内涵,对建设中国最美丽省份具有重要的意义。

4.1 国内外公路生态环境评价研究

国内外学者在生态环境评价研究指标筛选的方法和理论上都做了积极有效的探索,实现了从单因素、单目标评价到多因素、多功能、多指标的综合评价,评价指标体系的建立日渐科学和客观。在实际评价中,往往只能选择有限的指标来反映生态效益,这就需要采用科学的筛选技术手段,从大量与生态效益相关的生态系统要素、结构、过程和功能以及服务指标中,筛选出简单易行和科学客观的指标体系。目前,生态环境评价筛选指标的方法主要有频度分析法、专家咨询法及层次分析法等。频度分析法,是通过收集各种研究论文和报告,整理出所有相关指标列表,统计出各指标使用的频率,筛选出使用频率较高的指标。专家咨询法,是通过会议、问卷和访谈等多种形式,向有经验的专家进行咨询,基于专家分别提出的指标体系和各指标的重要性分析,筛选出评价指标。层次分析法,事实上是专家咨询法的一种,只是在进行专家意见咨询时,将所有候选指标向上合并成多个层级的指标组,在每一层级上,专家对有限个(不大于 5 个)指标或指标组进行相对重要性评判,建立判断矩阵,计算出一致性指标,获得各个指标的重要性权重,筛选出权重大的指标。采用这些方法筛选出的指标体系,很大程度上取决于现有研究资料和依赖于专家的经验知识,并不能完全体现以上的生态效益指标筛选原则。为提高生态效益评价的可行性和效率,往往需要分析每一个候选指标的相关特性,如所评价生态系统的类型、要素、结构和功能、与人类福祉的关系、对应时空尺度和组织水平、适用生态区域、效益产生源、理解难易程度、可测量性、统计可信度、指标范围、敏感程度、预警能力、可获得性、获取成本和诊断作用。

4.2 评价指标体系的建立

公路生态评价指标体系是依据公路建设和营运过程中对环境的影响,把相互联系且能够说明环境质量状况的各个指标,科学地加以分类和组合而形成的指标体系,反映公路项目本身及其所在区域生态环境的综合状况。公路建设评价指标体系是一系列有内在联系的指标的组合,它能反映出公路所在区域环境质量的状况与变化进程,从总体上协调交通基础设施建设与环境保护的关系,促进社会经济和环境的可持续发展。根据上述分析,可运用目标分解法对指标体系进行构建。在指标体系构建原则的指导下,结合国内外公路的生态环境评价研究和实际常用的指标来确定评价指标体系,见表4-1。

公路生态环境评价指价体系 表4-1

目标层	准则层	指标层
公路建设生态环境评价指标体系	生态环境保护指标	景观协调度
		农田占用比例
		生物量影响程度
		固碳释氧功能
		生态敏感点避让
		挖方利用率
		桥隧比
	环境污染指标	施工污水排放达标率
		扬尘控制率
		施工噪声达标率
	水土保持指标	植被恢复系数
		扰动土地整治率
		水土流失控制率
		水土流失总治理度
		土壤流失控制比
		拦渣率
	社会经济指标	拆迁满意度
		环保投资比
		公众参与程度
		环境效益收益率

4.3　评价指标计算方法及说明

4.3.1　评价原则

（1）科学性。

以提升公路路域生态系统质量和稳定性为目标,遵循自然规律,科学确定评价内容和指标,客观反映工程实施的生态环境成效,确保评价结果真实准确。

（2）可操作性。

通过定量和定性相结合的方式开展评价,结合实际明确评估标准,确保评价数据可获取、结果可量化,易于操作。

（3）规范性。

明确评估技术流程,对评价内容、评价方法、数据来源、成果产出等统一标准,确保评价的规范性。

4.3.2　评价指标的计算方法

（1）指标数据标准化。

数据标准化是通过数学变换来消除原始变量量纲影响的方法。不同的评价指标具有不同的单位,并且即使是具有相同单位的不同指标,其数值的大小也存在很大差异,这就是量纲的不同。若直接用这些量纲不同的指标数值进行综合评价,可能夸大数值较大的指标作用。

①指标的属性。指标的属性可分为正、逆及适度三类。正指标的值越大越好;逆指标的值越小越好;适度指标的值不应过大或过小,而是达到适度值或适度区间最好。适度指标可看作是正负指标的组合,只要找到适度点,也可在适度点前后分别转化为正、逆指标。

②指标数据标准化方法。根据指标数据属性、指标权重的确定方式,指标数据标准化的方法可以分为直线型、折线型及曲线型三种。其中最常用的是直线型方法。直线型标准化方法是在将指标实际值转化为不受量纲影响的指标评价值时,假定二者之间呈线性关系,指标实际值的变化引起指标评价值一个相应比例的变化。直线型标准化方法主要有阈值法和 Z-Score 法,折线法常用隶属函数法。

（2）定性指标量化。

对大多数的多指标统计综合而言,评价指标体系的指标都是已经量化的,可直接采用一定的方法进行综合评价。但随着综合评价应用领域的发展,统计指标测量内容的扩大,一些定性变量被引入综合评价指标体系中来。定性变量的数量化方法能体现评价者的评价立场,从而影响到评价结论,主要量化方法包括:

①两两比较评分法,如层次分析法(AHP)。

②专家评分法,即德尔菲(Delphi)法。

③尺度评分法。

（3）指标标准值确定。

指标无量纲化处理，将指标值与其标准值相比较，按照一定的计算方法求得该指标的得分。公路评价指标体系中，指标标准值应体现发展的"生态"这个总要求。指标体系标准值的确定，要依据国家有关标准、规划值，并结合云南山区公路的自身特点，根据不同情况进行处理。

4.3.3　评价指标说明

（1）生态环境保护指标。

①生态敏感点避让。

公路项目在穿越自然保护区或原始地貌区域时，需对生态敏感点进行避让和防护。生态敏感点包括自然保护区、风景名胜区、生态脆弱区等生态抗外部干扰很弱的区域，对沿线可能穿越的防护区域进行避让，减少对生态脆弱区的破坏和扰动。对公路选线的避让要求有详细的规范，但是由于缺乏定量研究，避让距离没有确切的数据可供参考，采用 Delphi 法借助专家经验评判得出评价线路对生态敏感点的避让程度，分值表示见表 4-2。

生态敏感点的绕避程度专家评判分级　　表 4-2

评价等级	差	较差	一般	较好	好
生态敏感点避让	1	2	3	4	5

②农田占用比例。

基本农田是指按照一定时期人口和社会经济发展对农产品的需求，依据土地利用总体规划确定的不得占用的耕地。本指标反映建设项目对基本农田的占用情况。很多公路建设项目不可避免地要占用农田，根据基本农田保护的有关精神，尽可能地节约农田，类比同类型建设项目，以农田占用比例 70% ~ 80% 为中等水平，计算如下所示：

$$农田占用比例 = （占用农田总量/建设项目总占地面积）×100\%$$

评判分级标准见表 4-3。

农田占用比例评判分级标准　　表 4-3

评价等级	差	较差	一般	较好	好
占用比率(%)	>90	80 ~ 90	70 ~ 80	60 ~ 70	60 <

③生物量影响程度。

公路建设工程范围内生物量的损失主要集中在路基面层、路基边坡混凝土制块、桥墩及房屋建筑等永久措施范围内植被的损失。由于路基边坡为倾斜坡面，且路基用地范围内水域部分被填筑，路基边坡植物措施面积较路基工程占用原地貌植被面积大，施工期还会干扰沿线野生动物的正常活动，可能对某些珍稀濒危动植物造成一定的伤害。公路项目建设对生物的影响程度是一个描述性指标，借助 Delphi 法进行评价，判别等级见表 4-4。

生物量影响程度评判分级标准　　表 4-4

评价等级	非绿色	黄绿色	绿色	青绿色	深绿色
评分	1	2	3	4	5

④固碳释氧功能。

固碳释氧是生态系统通过碳封过程,以捕获和封存的方式取代直接向大气排放 CO_2 和碳排放物,并通过光合作用释放氧气。

固碳:
$$G_{植被固碳} = 1.63 R_{碳} AB_{年}$$

$$G_{土壤固碳} = AF_{土壤}$$

释氧:
$$G_{氧气} = 1.19 AB_{年}$$

式中:$G_{植被固碳}$——植被年固碳量(t/a);

$\quad R_{碳}$——CO_2 中碳的含量,为 27.27%;

$\quad A$——林分面积(hm^2);

$\quad B_{年}$——林分净生产力 [$t/(hm^2 \cdot a)$];

$\quad G_{土壤固碳}$——土壤年固碳量(t/a);

$\quad F_{土壤}$——单位面积林分土壤年固碳量 [$t/(hm^2 \cdot a)$];

$\quad G_{氧气}$——林分年释氧量(t/a)。

⑤挖方利用率。

挖方利用率指的是公路施工过程中移挖作填量和用作路基站场等工程填方的量占工程总挖方量的百分比。可用来说明取土或弃土的可能产生量,从而核算其将占用的土地面积,可从侧面反映公路建设对土地的利用情况,以及设计人员对土地利用有效性的细致程度。挖方利用率越高越好,类比同类型建设项目,挖方利用率在 40% ~ 60% 之间为中等水平,评价分级标准见表4-5。

挖方利用率绿色评价分级标准(%)   表4-5

评价等级	差	较差	一般	较好	好
挖方利用率	<20	20 ~ 40	40 ~ 60	60 ~ 80	80 ~ 100

⑥公路绿化景观评价。

公路的绿化带往往呈带块状散落或隐藏在公路设施结构中,可参照公园植物景观评价方法,构建公路的绿化景观综合评价指标体系。采用 Delphi 专家问询法和变异指数计算,确定以景观功能、生态功能、服务功能以及经济效益 4 个方面的准则层,其中景观功能包括 5 个评价因子(植物色彩丰富度、植物季相变化丰富度、绿视率、环境整洁度和景观风格与周边环境协调性),生态功能包括 4 个评价因子(植物多样性、群落乡土性、植物健康状况和植物景观自身低维护性),服务功能包括 3 个评价因子(空间安全性、设施及景观舒适度和服务特定人群针对性),经济效益包括 2 个评价因子(前期改造费用和场地后期维护费用),作为云南山区公路景观综合评价体系。

对各个指标进行两两比较,得到指标间重要程度的平均值,再构建判断矩阵,用 Yaahp 软件对矩阵进行一致性检验并计算各指标的权重值和景观综合评价指数。对因子层的评价因子分别进行定量和定性打分(各因子分值为 3、5、7 和 9 分),计算公式为:

$$B = \sum_{i=1}^{n} X_i F_i$$

$$C_{EI} = \frac{S}{S_0} \times 100\%$$

式中:B——某公路绿化景观综合评价指数;

X_i——评价因子i的权重值;

F_i——绿化景观在评价因子i下的得分值;

C_{EI}——综合评价指数;

S——评价分数值;

S_0——理想分数值。

将公路绿化景观的评价等级分为:Ⅰ级(>80%)、Ⅱ级(70%~80%)、Ⅲ级(60%~70%)和Ⅳ级(<60%),见表4-6。

公路绿化景观的评价分级标准   表4-6

评价等级	Ⅰ级	Ⅱ级	Ⅲ级	Ⅳ级
公路绿化景观评价	>80%	70%~80%	60%~70%	<60%

(2)环境污染指标。

①扬尘控制率。

公路建设项目施工期主要会造成施工路面扬尘(含施工便道及新铺设路面)、站场扬尘(搅拌站及堆料场等)和施工扬尘(采石场及开挖断面等),从而影响周边大气环境质量。所产生的粉尘排放浓度应符合现行《环境空气质量标准》(GB 3095)的规定。施工便道路面由于存在粉砂土、黏沙土,在干燥季节运输车辆繁忙,造成尘土飞扬,尤其使便道下风向的农作物,覆盖一层厚厚的尘土,严重影响农作物的生长,或造成作物减产,因此,施工单位一般采取定时洒水的方法进行扬尘控制。扬尘控制指标为定性指标,采用专家评分法对其进行评价,具体分值见表4-7。

扬尘控制专家评判分级标准   表4-7

评价等级	差	较差	一般	较好	好
扬尘控制	1	2	3	4	5

②施工污水排放达标率。

公路建设工程施工期产生的废水主要来源于:施工作业开挖、钻孔施工产生的泥浆水,施工机械及运输车辆的冲洗水,施工人员产生的生活污水,下雨时冲刷浮土、建筑泥沙等产生的地表径流污水,以及隧道、桥梁施工产生的污水等。

污水排放达标率为公路建设项目施工阶段经过处理后达标排放的污水量占污水生产总量的百分比。污水排放指标主要考虑施工中排放的污水是否达到排放标准,重点监测评价水中主要污染物是否超标,主要评价依据为现行《污水综合排放标准》(GB 8978)等。由于这一指标数据难以搜集,采用专家评分法对其进行评价,具体分值见表4-8。

施工期污水排放达标率评判分级标准   表4-8

评价等级	差	较差	一般	较好	好
达标率	1	2	3	4	5

③施工期噪声达标率。

公路施工期由于施工机械作业,会在一定范围内产生噪声污染影响附近的居民,干扰野生动物的生活。噪声污染具有时效性,属于物理性污染,一旦噪声源停止工作,噪声也就消失。根据现行《建筑物施工厂界噪声限值》(GB 12523),建筑施工厂界噪声标准为昼间小于70dB,夜间小于55dB。采用专家评分法对其进行评价,具体分值见表4-9。

噪声达标率评判分级标准(%)　　　　　　　　　　表4-9

评价等级	差	较差	一般	较好	好
达标率	1	2	3	4	5

(3)水土保持指标。

①扰动土地整治率。

公路项目防治责任范围内的扰动土地整治面积占扰动土地面积的百分比。扰动土地是指开发建设项目在生产建设活动中形成的各类挖损、占压、堆弃用地,均以垂直投影面积计。扰动土地整治面积,指对扰动土地采取各类整治措施均面积,包括永久建筑物面积。

②水土流失总治理度。

水土流失总治理度是指公路项目防治责任范围内的水土流失防治面积占防治责任范围内水土流失总面积的百分比。水土流失面积包括因开发建设项目生产建设活动导致或诱发的水土流失面积,以及在征占地范围内,尚未达到容许流失量的原地貌水土流失的面积。水土流失治理面积是指对水土流失区域采取水土保持措施,并使土壤流失量达到容许流失量以下的面积,以及建立良好公路排水体系,不对周边产生冲刷的地面硬化面积和永久建筑物占用的面积。工程地水域面积,除对边坡侵蚀的面积外,也应作为水土流失治理面积。

③水土流失控制率。

水土流失控制率是指公路项目的防治责任范围内通过治理减少的土壤流失总量与项目防治责任范围内的水土流失预测总量之比。

④土壤流失控制比。

土壤流失控制比是指公路项目的防治责任范围内治理后的平均土壤流失量与项目防治责任范围内的容许土壤流失量之比。

⑤拦渣率。

拦渣率是指公路项目防治责任范围内实际拦挡弃土弃渣量与防治责任范围内弃土弃渣总量的百分比。

⑥植被恢复系数。

植被恢复系数是指项目防治责任范围内植被恢复面积占防治责任区范围内可恢复植被面积的百分比。

以上6个指标的评价标准值设计参考《生产建设项目水土流失防治标准》(GB/T 50434),见表4-10。

水土保持指标评价标准（%）　　　　　　　　　　表 4-10

评价等级	非绿色	黄绿色	绿色	青绿色	深绿色
扰动土地整治率	<80	80～90	90～95	95～100	100
水土流失总治理度	<75	75～85	85～95	95～100	100
水土流失控制率	<80	10～20	10～20	10～20	95～100
土壤流失控制比	>2.5	2.0～2.5	1.5～2.0	1.0～1.5	1.0
拦渣率	<80	80～90	90～95	95～100	100
植被恢复系数	<80	80～90	90～95	95～100	100

（4）社会经济指标。

①拆迁满意程度。

拆迁满意程度这一指标反映了人们对公路建设的支持,公路建成将会给他们的出行带来便利。拆迁满意程度是一个描述性指标,对它进行量化的简易可行的办法是借助 Delphi 法,即专家评分法。根据 Satty 评分规则,对于小于 9 个级别的事物,人们可以做出较准确的判断。在此取 5 级评分,判别等级见表 4-11。

拆迁满意度评价标准　　　　　　　　　　表 4-11

评价等级	差	较差	一般	较好	好
评分	1	2	3	4	5

②环保投资比。

该指标反映建设项目的环保力度。计算公式如下:

$$环保投资比 = (环保投入/项目总投资) \times 100\%$$

通过调查发现云南公路建设项目环保投资比为 0.5%～2%。因此取 0.5% 为公路生态绿色的最低值,划分量化指标见表 4-12、表 4-13。

环保投资比量化标准（%）　　　　　　　　　　表 4-12

评价等级	非绿色	黄绿色	绿色	青绿色	深绿色
环保投资比	0～0.5	0.5～1.0	1.0～1.5	1.5～2.0	2.0

公众参与程度评价等级（%）　　　　　　　　　　表 4-13

评价等级	差	较差	一般	较好	好
公众参与程度	<50	50～60	60～80	80～90	>90

③环境效益收益率。

公路项目的环境损益由两部分组成:

a. 环境影响收益部分,主要有节省运输费用和在途时间产生的效益、增加就业人数产生的效益、公路建设投资拉动经济增长的效益等。

b. 环境影响损失部分,包括环保设施投资和环保工程运营成本。该指标反映公路建设对区域自然环境和社会环境的总体影响,并以货币的形式衡量。环境损益的计算公式如下:

$$环境损益 = 工程环境收益 - 工程环境损失$$

由于建设项目的投资和里程的差异,直接使用公路工程环境效益进行衡量并不直观,而采取公路工程环境效益收益率则可以客观地评判效益占总投资的比例,参考我国国民经济增长率对交通工程环境效益收益率做出定量化分,见表4-14。

环境效益收益率(%)　　　　　　　　　　　　　　　表4-14

评价等级	差	较差	一般	较好	好
环境效益收益率	<2	2~4	4~6	6~7	7

4.4　评价方法的确定

评价指标体系的复杂性决定了其评价需要采用复杂而系统的理论和综合集成的方法,根据分解协调原则,将定性分析和定量分析相结合,自然科学与社会科学、软科学与硬技术、现代方法与传统方法结合起来,常见的用于生态环境评价的方法有:主成分分析法、德尔菲(Delphi)法、灰色关联分析法、层次分析法和模糊综合评价等方法。

根据建立的评价指标体系可知,公路评价是多指标的综合评价系统,选择合适的多指标综合评价方法是对绿色生态正确评价的关键。综合比较发现模糊综合评价法考虑了客观事物内部关系的错综复杂和价值系统的模糊性,并用模糊理论对评价指标体系中存在的一些无法量化的指标进行研究,但其缺点在于各指标的权重用专家打分法来确定,使得结果带有很大的主观性和不确定性。可以针对层次分析法和模糊综合评价法这两种方法在评价过程中各自的优缺点,采用一种以模糊综合评价法为基础,用层次分析法来确定指标体系及权重的新的多指标综合评价方法。这种方法既充分利用了上述两种方法的优点,也弥补了他们的不足。因此选用 AHP-模糊综合评判法进行研究。

4.4.1　层次分析法确定权重

(1)成分分析。

层次分析法通过整理和综合专家们的经验判断,将分散的咨询意见模型化、集中化、数量化。其基本原理是将复杂的问题分成若干有序的层次,由专家和决策者对所列指标通过两两比较重要程度;逐层进行判断评分,利用计算判断矩阵的特征向量确定下层指标对上层指标的重要性权重,并辅之一致性检验,以保证评价者思维判断的符实性。按照层次分析法的原理,参照如下步骤计算评价指标权重。

通过将问题分成若干不同的层次和组分,建立递阶层次结构模型,层次之间没有交叉,同时邀请专家通过两两对比的办法,比较每一层次各元素之间的相对重要程度,并以数量的形式表示出来,从而构造判断矩阵。通常数值表示使用 T. L. Satty 标度法,即 1~9 标度法,该标度法的含义见表4-15。

成分分析标度　　　　　　　　　　　　　　　表4-15

标度值	含义
1	两指标相比,具有同等重要性
3	两指标相比,前者比后者稍微重要

标度值	含义
5	两指标相比,前者比后者明显重要
7	两指标相比,前者比后者强烈重要
9	两指标相比,前者比后者极端重要
2、4	如果成对事物的差别介于两者之间,可取上述相邻判断的中间值
6、8	
倒数	若元素 i 与元素 j 重要性之比为 a_{ij},那么元素 j 与元素 i 重要性之比则为 $a_{ji}=1/a_{ij}$

可以用成对比较阵 A 的列向量的平均值近似代替特征向量 Q,这种方法也称为和法,主要步骤是:将 A 的每一列向量归一化,按行求和后再归一化,得到:

$$\omega = (a_1, a_2, \cdots, a_n)^T$$

即为近似特征向量,最大特征向量:

$$\lambda_{\max} = \sum_{i=1}^{n} \frac{(A\omega)}{a_i}$$

为确定从判断矩阵求出的权重值是否合理,还必须进行一致性的检验。由于客观事物的复杂性,会使我们的判断带有主观性和片面性,在每次进行两两比较判断时其思维标准常是不一致的,称为比较判断的不一致性。当判断偏移一致性过大时,把判断矩阵的秩向量计算结果作为决策依据将是不可靠的,因此需要对判断矩阵的一致性检验,其步骤如下:

①计算一致性指标 C_i:

$$C_i = \frac{\lambda_{\max} - n}{n-1}$$

式中:$\lambda_{\max}$——判断矩阵 A 的最大特征根;

n——A 的阶数,它是衡量不一致程度的数量标准。

②查找判断矩阵 A 相应的随机一致性指标 RI。对 $1 \sim 9$ 阶判断矩阵,RI 值见表4-16。

随机一致性指标 RI 值表　　　　　　　　　　表4-16

n	1	2	3	4	5	6	7	8	9
RI 值	0	0	0.58	0.94	1.12	1.24	1.32	1.41	1.45

③计算一致性比例 CR:

$$CR = \frac{CI}{RI}$$

当 $CR < 0.1$ 时,认为判断矩阵的一致性是可以接受的;否则,就必须重新进行两两比较以调整判断矩阵中的元素,对判断矩阵做适当修正,直至判断矩阵具有满意的一致性为止。这时,从判断矩阵中计算出的最大特征根所对应的特征向量经标准化后,才可作为层次分析的排序权值。

(2)层次分析法的不足。

①Satty 建议使用 $1 \sim 9$ 标度在实际应用中具有明显的不足之处。例如当 A;稍优于 A2 时,按 $1 \sim 9$ 标度,其权重比为 $3:1$,即前者的重要程度是后者的 3 倍,这与评判者的"稍优"的

实际想法不尽相符。

②为使所确定的权重具有科学性和代表性,应尽量增加样本数量,通过邀请多位相关学科专家、学者进行评分,并综合专家评分构造判断矩阵,确定每层指标的相对重要性权重。

（3）改进的层次分析法。

求取权重的改进层次分析法主要体现在标度的改进上,有以下三种(表4-17)。从案例比较分析看,对非数量性指标以及数量性指标的混合状态下的指标权重赋值,最宜采取 10/10 ~ 18/2 标度法,不但判断矩阵的最大特征值最小,一致性指标也最小,因而指标权重的精度也最好,9/9 ~ 9/1 标度次之,传统的 1 ~ 9 标度最差。

标度的改进值 表4-17

重要程度	9/9 ~ 9/1	10/10 ~ 18/2 标度	指数标度	1 ~ 9 标度
相同	9/9(1)	9/9(1)	9^0 (1)	1
稍微重要	9/7(1.286)	12/8(1.5)	$9^{1/9}$ (1.277)	3
明显重要	9/5(1.8)	14/6(2.33)	$9^{3/9}$ (2.08)	5
强烈重要	9/3(3)	16/4(4)	$9^{6/9}$ (4.237)	7
极端重要	9/1(9)	18/2(9)	$9^{9/9}$ (9)	9
通式	$9/(10-K)$	$(9+K)/(11-K)$	$9^{k/9}$	
K 的取值范围	1 ~ 9	1 ~ 9	0 ~ 9	1 ~ 9

因而选用 10/10 ~ 18/2 标度,并采用德尔菲(Delphi)法,向多位专家发出调查表,填写专家认为任意两相关层指标之间的相对重要程度,并将专家反映的进行综合后,就形成了各个层次指标的判断矩阵。采用改进的层次分析法(AHP)与模糊综合评价结合可以解决公路生态评价指标体系评价的多目标决策问题。

4.4.2 指标权重方法的确定

公路呈带状分布,经常穿越不同地区,由于其社会经济背景和资源环境基础差异,在评价指标体系中,各类指标的权重反映了评价者对各类指标在评价中的重视程度。为避免权重确定的片面性,在各类指标的权重确定过程中,广泛听取各方面意见,并采用有效的方法,对不同的评价结果进行处理,以得到一个合理的评判结果。在分析各种方法利弊的基础上,根据评价指标体系的特点及层次分析法的基本原理,本次研究使用层次分析法(AHP)与专家评分法(Delphi)结合确定权重,基于如下原因:

（1）评价指标体系要求定性与定量相结合确定权重。

从理论上说,对于任何一个领域不可能存在一个标准化的系统模式,人们对评价的认识也会有一定主观的成分在里面。另一方面,评价是一项系统工程,涉及非常复杂的系统结构,而且往往是以层级架构的形式出现的,不可能要求参与主观赋权的专家对这么大的一个指标体系直接打分,必须运用一些定量的数学处理方法进行层层分析,得到具体的指标权重。绿色基础设施评价是一个崭新的研究领域,缺乏可借鉴的足够资料和标准样本,需要研究者用自己的眼睛去观察,用自己的头脑去思考。

（2）层次分析法确定权重的方法比较符合评价系统结构要求。

层次分析法首先建立表示系统概念或特征的内部独立的层次结构,把复杂的系统分解为若干子系统,并按照它们之间的从属关系分组;其次,通过将某种特征两两比较的方式确定层次中各个子系统的相对重要性;最后,综合人的判断以决定各个子系统相对重要性的总的顺序。对于公路绿色生态评价指标体系来说,由于其系统结构比较符合层次分析法的分析思路,因此在确定其系统权重时应用层次分析法可以获得较为满意的效果。

（3）专家评分法是层次分析法有益的补充。

层次分析法要求对系统中所有指标进行两两比较确定相对重要程度,若只是研究者个人对相对重要程度作出判断,难免带有一定的个人喜好成分,不够客观。若结合多位专家判断意见进行修正,则对层次分析法计算权重结果的准确性和客观性大有裨益。

4.4.3　指标体系评价（多级模糊综合评价）

模糊综合评判决策是对受多因素影响的事物做出全面评价的一种十分有效的多因素决策方法,模糊综合评判决策又称为模糊综合决策或模糊多元决策。体系评价是一个动态过程,评价指标涉及社会、经济、生态、环境、资源等诸多方面,因而对指标的衡量以及指标所表达的含义对可持续发展的影响等都具有一定的不确定性和模糊性。因此,选用多级模糊综合评判法作为公路绿色生态评价方法,有利于得出客观的结论。模糊综合评判方法具体包括以下 6 个步骤：

（1）建立因素集,并将因素分类。

影响评判对象的各种因素构成的集合称为因素集,它是一个普通集合,用 U 表示：

$$U = \{U_1, U_2, \cdots, U_m\}$$

式中：U_i——第 i 个因素类,$i = 1, 2, \cdots, m$,每个 U_i 又有 n_i 个因素。

$$U_i = \{u_{i1}, u_{i2}, \cdots, u_{in}\}$$

u_{ij}——第 i 类因素的第 j 个因素,$j = 1, 2, \cdots, n_i; i = 1, 2, \cdots, m$,这些因素通常都具有不同程度的模糊性。

（2）建立权重集。

一般地,各个因素类及每一类中各因素的重要程度是不同的,对重要的因素要特别看重;对不太重要的因素虽然应当考虑,但不必十分看重。为了反映各个因素类及每一类中各因素的重要程度,对各个因素类及每一类中各因素应分别分配给一个相应的权重。

权重集是一个表示各个指标在公路绿色生态评价指标体系中重要程度的集合。用 $W = \{a_1, a_2, \cdots, a_m\}$ 表示,其中,$a_i \geq 0$,$\sum a_i = 1$。

本研究利用层次分析法（AHP）确定权重,对各层各项评价指标作两两重要性比较,建立判断矩阵,并使其具有满意的一致性,然后计算判断矩阵最大特征值及其对应的特征向量,进行一致性检验,进而可以确定各项指标权重。

（3）确定评语集。

即确定评价等级,评语集是对各层次评价指标的一种语言描述,是评判者对各评价指标所给出的评语的集合,用 $V = \{V_1, V_2, \cdots, V_p\}$ 表示。本书的评语共分为五级,具体的评语集为：$V = V_1, V_2, V_3, V_4, V_5 = $（非绿色,黄绿色,绿色,青绿色,深绿色）。其中,$V_i$ 代表第 i 个评判结果,p 为总的评判结果数。模糊综合评判的目的就是在综合考虑所有因素的基础上,从评价集中选出一个最佳的评价结果。

（4）一级模糊综合评判。

在多级模糊综合评判中,一级模糊综合评判就是指按每一因素类中的各个因素进行综合评判。假定按第 i 类因素 U_i 的第 j 个因素 u_{ij} 评判,评判对象属于备择集中第一个 k 元素 V_k 的隶属度为:

$r_{ijk} = 1,2,\cdots,m;j = 1,2,\cdots,n_i;k = 1,2,\cdots,p$。则可得到 m 个一级评判矩阵 $\boldsymbol{R}_i$,即:

$$\boldsymbol{R}_i = \begin{bmatrix} r_{i11} & r_{i12} & \cdots & r_{i1p} \\ r_{i21} & r_{i22} & \cdots & r_{i2p} \\ \vdots & \vdots & & \vdots \\ r_{in_i1} & r_{in_i2} & \cdots & r_{in_ip} \end{bmatrix}_{i=1,2,\cdots,m}$$

这样,对第 i 类因素进行模糊综合评判,就可得到评判集 B_i:

$$\boldsymbol{B}_i = A_i R_i = (a_{i1},a_{i2},\cdots,a_{in_i})_{1 \times n_i} \begin{bmatrix} r_{i11} & r_{i12} & \cdots & r_{i1p} \\ r_{i21} & r_{i22} & \cdots & r_{i2p} \\ \vdots & \vdots & & \vdots \\ r_{in_i1} & r_{in_i2} & \cdots & r_{in_ip} \end{bmatrix}_{n_i \times p} = (b_{i1},b_{i2},\cdots,b_{ip})$$

式中:"·"——模糊矩阵的合成方式。

（5）二级模糊综合评判。

一级模糊综合评判仅是对每一因素类中的各个因素进行综合,还需要考虑各类因素的综合影响。这就需要在因素类之间进行综合评判。此时的单因素评判矩阵应为一级模糊综合评判的结果 $\boldsymbol{R}$ 构成的矩阵 $\boldsymbol{B}_i$:

$$\boldsymbol{B}_i = \begin{bmatrix} B_1 \\ B_2 \\ \vdots \\ B_m \end{bmatrix} = \begin{bmatrix} A_1 & \cdots & R_1 \\ A_2 & \cdots & R_2 \\ A_m & \cdots & R_m \end{bmatrix}$$

考虑因素类之间权重 A 的二级模糊综合评判指标 $\boldsymbol{D}$:

$$\boldsymbol{D} = A \cdot R = A \cdot \begin{pmatrix} A_1 & \cdots & R_1 \\ A_2 & \cdots & R_2 \\ \vdots & & \vdots \\ A_m & \cdots & R_m \end{pmatrix} = (d_1,d_2,\cdots,d_p)$$

（6）评判指标的处理。

对多级模糊综合评判指标有三种处理方法:最大隶属度法、加权平均法、模糊分布法。

①最大隶属度法:这种办法仅考虑了最大评判指标的贡献,舍去了其他指标所提供的信息,丢失了信息。

②加权平均法:该法采用(+ ,·)算法,充分考虑所有因素的影响,也保留单因素的评判信息,因而在研究工程问题时应用较多。

③模糊分布法:该法直接把评判指标作为评判结果,或者把评判指标归一化,用归一化的评判指标作为评判结果。各个评判指标具体反映了评判对象在所评判的特性方面的分布状态,使评判者对评判对象有更深刻的了解,并能作出灵活的处理。

通过云南山区公路生态环境评价指标体系的研究,系统、全面地识别公路项目的环境影响,初步判断其影响性质和范围,全面预测规划实施对环境的有利和不利影响。

5

CHAPTER 5

云南山区公路环境监测指标体系及监测方案研究

生态环境监测的领域广泛、监测方式多样、监测任务繁重,其包括空气质量监测、地表水环境监测、土壤和地下水环境监测、海洋环境监测、生态质量监测等多个领域的多项重点任务。公路项目的生态环境条件与其他行业相比具有明显的区别,是生态环境变化明显并且容易发生变化的区域。公路项目的建设会对公路沿线的自然环境、生态环境与社会环境产生影响,且部分影响具有一定的累积性、长期性及不可逆性。此外,云南山区的生态环境特点和国内其他地区又存在明显的不同,是生态保护的重要领域和关键环节,因此,立足于云南山区生物多样性和生态系统类型丰富的特点,构建全面的公路生态环境监测体系。在此基础上制定的环境监测方案,要对公路生态环境的质量以及对路域环境的影响作出合理评价,形成云南绿美公路项目建设评估方法,因此,构建公路项目的生态环境监测指标体系至关重要。

5.1 云南山区公路环境监测指标体系构建

5.1.1 公路生态环境监测目的

公路建设项目生态环境监测就是运用相应的监测方法和技术手段,对公路生态环境中的各个要素、不同尺度的环境质量状况、生态系统结构与功能进行连续观测和评价,其具有长期性、综合性、复杂性、系统性等特点。因此,需要对该工程实施后的环境状况进行监测和跟踪评价,及时了解和掌握工程实施对区域生态环境的影响,并根据实际环境影响变化及时调整、修正原有的环保措施,为工程实施后的环境管理提供依据。

5.1.2 公路生态环境监测指标的识别和选取

公路生态环境监测是交通环保管理工作的一部分,生态监测指标的识别和选取必然要与交通环保的目标相匹配,以更好地服务于管理工作。同时,公路生态监测指标的选取应当能够从不同的尺度反映出公路生态系统的变化和管理活动的影响。基于以上考虑,提出公路生态监测指标体系构建方法,分别由五个部分组成:①确定生态监测目标;②识别交通环保管理目标;③识别关键生态过程;④确定需要监测的生态过程并制定初始监测指标清单;⑤确定最终监测指标清单,详见图 5-1。

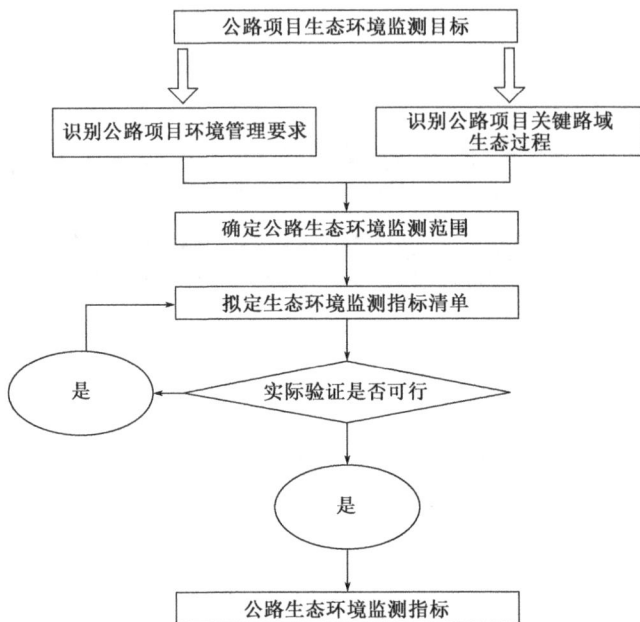

图 5-1　公路生态监测指标体系构建方法

(1)确定生态监测目标。

任何的监测都应当有明确的目标,仅仅为了获取数据本身的监测往往是低效的。因此,构建绿色交通基础设施生态监测指标体系的第一步,就是要明确绿色公路生态环境监测的必要性和进行生态环境监测的目标。尽管不同公路建设项目的监测目标可能存在差异,然而就总体而言,公路建设项目的生态监测目标在于量化环境的污染程度,识别生态环境系统的动态变化和揭示管理活动的影响。

(2)识别交通环保管理目标。

交通环保管理目标的识别一方面可依据环保相关的法规条例、管理制度、环评等文件的要求,另一方面也需要在交通工程施工中开展更深入的研究从而获得更加清晰的认识。由于项目特点及区域地理特征差异显著,不同交通基础设施的管理目标存在差异。开展实地调研、访谈相关管理和科研人员等,有助于在文件的基础上识别出交通工程更加具体的管理目标。

(3)识别关键生态过程。

对关键生态过程的识别是公路生态环境监测指标体系构建中重要的环节之一。生态系统是基于结构和功能的不同层级结构的复合体,层级的关系反映在不同的时间和空间尺度上。通过分层的方法来描述一个区域的生态功能,就可以将生态过程归纳到它们所发生的尺度内。

识别公路项目关键的生态过程就可以采用这种分层的方法。

(4)确定选择指标的原则。

①代表性:选取具有较强的代表性且能综合反映生态环境质量整体水平和功能状况的关键监测指标,以期减少工作量、减少误差,又能降低成本、提高效率。

②可量化:生态监测的最终目的是获取能够反映生态环境质量现状和变化趋势的最具代表性和可比性的数据和信息。因此,在选择生态监测指标时,必须使其可量化,并能敏感地反映生态系统的微小变化。

③可操作性:选取的监测指标应当具有易于测量和便于操作的特性。因此,应尽量选取能直接反映监测对象特征的指标,而尽量避免间接指标。

④跨尺度:由于地面监测与其他监测的流程与要求不一样,因此,当其同时介入评价工作时,极有可能出现不同的研究结论。应避免同样的研究内容、相同的研究地区,仅仅因为研究手段的不同而出现相互矛盾的结果。为此,在选取监测指标时,应尽量选取那些可以为不同的技术手段所兼容的跨尺度指标,以避免上述问题的产生。

⑤综合性:生态交错带的变化涉及复杂的自然、社会与经济过程,因此对其发展程度的评价也离不开这诸多方面,故而可供选择的指标亦很多。在指标选择时,尽量选择综合性指标,以尽量少的指标来综合反映较多的问题。

(5)确定最终监测指标清单。

在确定最终监测指标清单之前,需要对初始监测指标进行可行性分析,剔除可行性较低的监测指标。可行性分析主要考虑现有监测基础的可用性,与其他机构合作的可能性等方面。对于那些自身进行监测较为困难或成本较高的指标,可以通过合作的方式由其他机构完成。对于那些监测成本高但是被认为重要的指标,可以通过降低监测频率等方式来纳入监测指标体系。见表5-1。

公路项目设生态监测指标清单   表5-1

类别	必测指标	选测指标
大气监测	总悬浮颗粒物(TSP)	可吸入颗粒物(PM_{10})、细颗粒物($PM_{2.5}$)、二氧化氮(NO_2)、一氧化碳(CO)、非甲烷总烃、沥青烟、苯并[a]芘[有燃煤锅炉的区域还应开展锅炉废气污染物监测,在大气监测项目中增加锅炉烟尘、二氧化硫(SO_2)、氮氧化物(NO_X)、烟气黑度]
水质监测(地表水和地下水)	pH 值、悬浮物(SS)、化学需氧量(COD)、生化需氧量(BOD_5)、石油类、氨氮(NH_3-N)	溶解氧(DO)、水温、流量、动植物油、总磷
噪声、振动监测	环境噪声、施工场界噪声	振动、交通量(车流量)
土壤监测	—	pH 值、土壤温度、全氮、全钾、磷、全盐量、汞(Hg)、砷(As)、铅(Pb)
生态监测	—	生境多样性、水土流失量、植被盖度、生物量、土壤侵蚀量

5.1.3 公路建设项目生态环境监测总体要求

（1）公路项目建设单位应当按照生态环境监测的法律法规及生态环境监测技术标准、规范和规程，根据项目环境影响评价文件及其批复要求，开展施工期生态环境监测，对公路项目所排放的污染物及其对周边环境质量的影响实时监测。

（2）公路项目建设单位是施工期生态环境监测的责任主体，对监测数据的真实性、准确性负责。公路项目建设单位具备监测能力的，可自行开展监测；不具备监测能力的，可委托其他具备相应资质和能力的监测机构代其开展。

（3）施工期生态环境监测一般包括环境质量监测、污染源监测、生态敏感区监测以及环境污染事故应急监测等内容，具体监测因子、监测点位以及监测频次等应符合项目环境影响评价文件及其批复要求。

（4）公路项目建设单位监测发现污染物排放超标的，应当加密监测频次，及时向所在地县级以上生态环境主管部门报告，并采取有效防止超标排污或者减轻污染的措施。

（5）公路项目建设单位应当通过其网站或者当地报刊等便于公众知晓的方式公开监测工作开展情况及监测结果，并同步将监测数据报送县级生态环境主管部门。

（6）公路项目涉及生态敏感区域或重大工程，例如跨越敏感水体的桥梁或长大隧道等施工场地可配备环境监测设备，定期对施工现场的污染物排放和环境质量进行监测。

5.2 云南山区公路生态环境监测方案研究

生态环境监测方案是完成一项生态监测任务的程序和技术方法的总体设计，制定时须首先明确生态监测目的，然后在调查研究的基础上确定监测项目，布设生态监测点，合理安排采样频率和采样时间，选定采样方法和分析测定技术，提出监测报告要求，制定治疗控制和保证措施及实施计划。公路生态监测调查的范围如下：

（1）声环境：公路中心线两侧各 200m 以内的范围，同时需关注如学校、医院等特殊敏感点。

（2）地表水环境：沿线桥梁跨河处上游 100m、下游 1000m 以及与公路平行距离在 200m 以内的水体。

（3）地下水环境：以公路工程边界两侧向外延伸 200m 作为调查评价范围。

（4）环境空气：公路中心线两侧向外各 200m 以内的范围。

5.2.1 生态环境监测的工作流程

受委托的环境监测单位与业主签订生态环境监测合同后，应组织监测人员，踏勘现场。对环境影响报告书及环境影响审批文件中提出的施工期及试运营期环境监测计划和要求进行分析，通过对项目周边环境敏感点的调查，落实环评及批复要求的环保措施实施情况，最大限度地降低公路项目施工期和试运营期间对周边环境敏感点的影响，核实工程实际路线调整情况以及环境敏感点变化情况，对监测点及监测频次进行适当调整，制定施工期及试运营期环境监测方案。公路施工期环境监测工作分为准备工作、正式工作和综合评价三个阶段,工艺流程如图 5-2 所示。

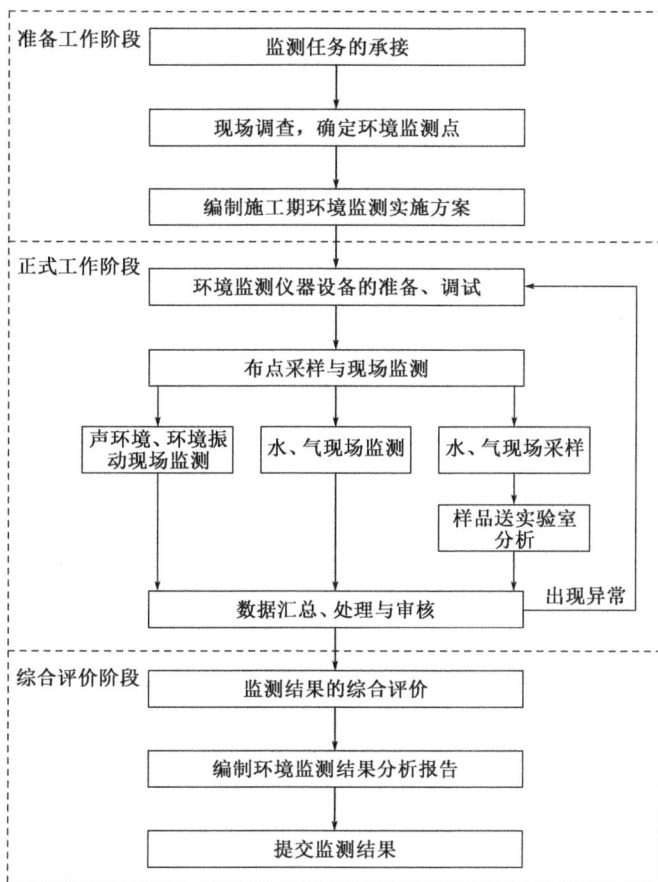

图 5-2　工艺流程图

5.2.1.1　准备工作阶段

准备工作阶段主要工作内容是编制施工期环境监测方案。

(1)研究有关环境保护与管理的法律法规和政策,研究项目立项文件、可行性研究报告、初步设计和施工图设计文件、环境影响评价文件及相应的审批文件,研究与环境监测有关的其他文件,特别关注工程环境影响评价文件及批复的相关要求。

(2)开展初步的现场调查,对比公路工程的环境影响评价文件,调查工程具体建设情况及环境敏感点变更情况。调查公路施工期污染源的来源、性质及排放规律,敏感点的性质及其与污染源的相对位置(距离和方位),水文、地理和气象等自然环境条件。

(3)结合环评文件和初步现场调查确定环境监测点,根据施工进度计划,确定施工期间开展环境监测工作的时间和频次,编制施工期环境监测方案。

5.2.1.2　正式工作阶段

根据公路施工期环境监测方案,定期开展环境监测工作。包括仪器设备的准备调试,现场布点采样,样品的采集、保存和分析,监测数据的采集、处理与综合分析等。在尚未开工前,宜对纳入施工期环境监测方案中的环境监测点,进行环境现状调查监测,获取相关的监测资料、数据,掌握施工前的环境本底状况。在该阶段,主要工作内容如下:

(1)将调试好的采样仪器安装在指定的监测位置,按照规定的操作程序和确定的采样时间及频率采集样品,并如实记录采样实况和现场状况。

(2)将采集的样品和记录数据及时送往实验室,按规定(或核定)的分析方法进行样品分析。

(3)将测得的监测数据整理填入报告表,并对数据进行处理和统计检验。

5.2.1.3 综合评价阶段

每期的监测结束后,对照环境标准和环境保护控制目标,统计、分析环境监测数据,客观、科学地评价公路施工对周边环境敏感点环境质量的影响情况;监测结果分析报告需根据监测期间的施工内容及工程进展情况,评价环境敏感点的环境质量达标情况,分析超标的主要原因。为指导下一阶段的施工提供科学数据,从而使整个公路工程施工期的活动对环境的影响最小化。

5.2.2 生态环境监测布点原则

(1)全面性。

监测点能在宏观上较全面地反映生态交错带的整体状况。

(2)代表性。

根据监测区域的生态地理环境特征,使所选择的样点和样地具有代表性。同时,应以尽可能少的点位获取最具有代表性的生态系统状况信息。

(3)可达性。

点位设置应充分考虑实际监测的可操作性和方便性。

(4)相对稳定性。

点位设置不仅要反映生态系统现状,还要反映生态系统长期变化趋势,因此,点位设置后,不能任意改动。

(5)统一性。

在监测区域内,应充分考虑其生态完整性,统一布设监测点位,再根据实际需要,按不同时间段实施监测。

5.2.3 生态环境监测方案编制基本要求

由于公路项目环评报告书编制的依据是工可报告,在初步设计和施工图设计中,工程会有所调整,环境保护目标相应也会改变。因此,环境监测实施方案应以环评报告书中监测计划为依据,结合项目各阶段的特点和现场实际情况,对环境监测因子和监测频率进行优化。

编制环境监测方案时,遵循以下基本原则:

(1)突出重点的原则。

紧密结合公路项目不同施工内容和施工阶段产生的环境污染特征,合理设定监测点,根据各个施工阶段对环境影响的特点及造成潜在的环境影响严重程度,对可能造成污染影响较严重的阶段适当增加监测频次。

(2)全面统筹,合理布设监测点位原则。

以环评报告书中监测计划为依据,根据项目建设期污染源的特点,结合不同施工阶段污染特点,选择可能受施工影响较大的环境保护目标作为监测点,以全面反映施工期施工建设、试运行期工程对周边环境敏感点的影响。

(3)科学选择监测因子的原则。

在实地调查的基础上,结合项目污染物排放特点,针对污染物的性质,选择具有代表性、危害严重、影响范围大的污染物,科学反映项目污染物排放达标状况和沿线环境质量状况。

(4)监测方法可靠性原则。

对选择的污染物采用可靠的测试手段和有效的分析方法,确保获得准确、可靠、有代表性的数据,并依据相关的环保标准对监测数据作出正确的结论和判断。

(5)优先监测原则。

遵循"优先监测"的原则,考虑污染物本身的重要性和迫切性,以及监测项目的代表性,对影响范围大的污染物要优先监测,如造成局地污染严重的污染物与大规模世界性污染物相比,后者具有优先监测的必要。同时,对于毒性大或具有潜在危险且污染趋势有可能上升的项目,也应列入优先监测的范围。

(6)经济可行的原则。

充分考虑开展监测工作所投入的人力、物力,选择有代表性、典型性、可比性的环境监测点位和监测指标,以尽可能少的监测点位、监测频次,获取施工期及运营期公路沿线环境污染的时空分布规律。

(7)实事求是的原则。

遵循实事求是、科学公正的原则,严格按照相关标准及规范执行,确保监测结果真实、准确、可信。

(8)质量保证原则。

环境监测单位应在组织机构、人员素质和仪器设备等方面建立质量管理体系。从优化布点、样品采集、分析测试、数据处理与综合评价等方面,开展环境监测全过程质量保证工作,确保监测数据质量。

5.2.4 生态环境监测方案编制

5.2.4.1 生态环境监测布点

制定监测方案选择监测点时,应以公路建设项目的环境影响评价文件以及环境影响审批文件的相关要求为依据,综合考虑本类型工程施工期对各环境因素影响的空间范围和影响程度的一般规律,结合工程周边敏感点分布情况进行确定。环境影响评价及其批复文件中要求的环境监测点,应设置为监测点。施工期间,若存在环境保护投诉或地方环境保护主管部门有特殊要求的环境敏感点,应优先列为监测点。

（1）环境空气。

在施工场界及其所建设的预制场、拌和场等临时场地外 200m 范围内,应选择距离近、影响范围广、具有代表性的敏感点作为环境空气监测点,若存在学校、医院、养老院、疗养院、幼儿园等特殊敏感点,应优先选择。污染物排放源监测,监控点一般应设于施工场界外 10m 范围内,但若现场条件不允许,可将监控点移至施工场界内侧。

（2）声环境。

根据声源和施工场界周围声环境敏感点的布局位置来确定施工场界噪声排放监测点,一般设在距对敏感点影响较大、距离较近的场界位置;在施工场界及其所建设的预制场、拌和场等临时场地外 200m 范围内,应选择距离近、影响范围广、具有代表性的敏感点作为声环境质量监测点,若存在学校、医院、养老院、疗养院、幼儿园等特殊敏感点,应优先选择;进行夜间施工作业时,对应监测点应开展夜间声环境的监测;环境敏感点声环境监测出现超标时,可在距离其最近的施工场界处,或无施工作业时,合理选择设置对照监测点,为分析超标原因提供参考依据。

（3）环境振动。

根据振动源和施工场界周围振动敏感点的位置布局来确定振动源环境振动监测点,一般设在距对振动敏感点影响较大、距离较近的厂界位置;结合噪声监测点的设置情况,从场界外 200m 范围内选择对振动特别敏感的建筑物(如文物保护单位和其他对振动环境保护要求较高的环境敏感点)作为监测点;受潜在施工振动影响严重的文物保护单位和其他需要特殊保护的区域等,应设置为监测点。

（4）水环境。

监测断面位置尽量选择顺直河段、河床稳定、水流稳定、水面宽阔、无急流、无浅滩处,应避开死水区、回水区和排污口处;在受公路施工影响水体的上游 100m 处设置对照断面,对照断面与影响水域间应无排污口,以反映未受公路施工污染影响的水质状况;在受公路施工影响水体的下游 500～1000m 处设置控制断面,以反映公路施工对水体的污染;在公路下游存在受工程施工污染影响的饮用水水源保护区、重要水生生物自然保护区等敏感水域时,应设置监测点;监测断面的布设时,要考虑实际采样时的可行性和方便性。对于施工废水监测,直接在废水排放出口采样监测。

5.2.4.2 生态环境监测点数量

通常情况下,不少于环境影响评价文件中所要求设置的监测点的数量,并结合工程实际情况进行补充或调整监测点,其中施工期间存在环保投诉的环境敏感点,应增加为监测点;对出现多次超标的监测点,合理设置对照监测点,为分析超标原因提供参考依据。

5.2.4.3 生态环境监测频次及监测时间

在已开展的公路建设项目施工期环境监测项目中,监测频次的选择大多采用常规环境质量监测中的规定,即在每年的固定时间、固定频次开展。公路建设项目环境影响评价文件中,也多采用这种方式,甚至监测频次更少。由此造成的结果是在施工高峰阶段没有及时开展监测工作,而在工程未进行施工作业或作业产生的环境污染较小时,对敏感点进行监测,由此无法及时准确捕捉到工程施工对环境敏感点的影响,获取的监测数据指导意义有限。可根据公路建设项目施工情况,规定监测开展的时间点,不增加监测频次,监测频次按照我国常规环境质量监测的规定开展。以环境空气为例,《环境影响评价技术导则大气环境》中规定,一级评价项目应进行 2 期(冬季、夏季)监测;二级评价项目可取 1 期不利季节进行监测,必要时应作2 期监测;三级评价项目必要时可作 1 期监测。并规定每期监测时间,至少应取得有季节代表性的 7 天有效数据,采样时间应符合监测资料的统计要求。对于评价范围内没有排放同种特征污染物的项目,可减少监测天数。监测时间的安排和采用的监测手段,应能同时满足环境空气质量现状调查、污染源资料验证及预测模式的需要。考虑公路的建设工期较短,可根据实际的施工情况,按需要调整监测时间,一般为每季度 1 次。可根据实际施工情况,适当调整监测频次,如有投诉的情况下应适当增加监测频次。测量期间,施工建设应处于正常施工状态。

5.3　公路建设项目生态环境监测工作要求

(1)编写环境监测计划。

环境监测方案编制完成后,根据方案中的监测计划,定期对项目开展监测工作。每次出发前,申领报告编号,并填写环境监测计划表,由项目负责人签字审核后存档。

环境监测计划表应包含:控制编号、项目名称、监测人员、监测类别、监测点位(桩号)、监测项目、监测频次、仪器设备名称及编号。

(2)原始记录填写要求。

外场监测任务完成后,及时填写原始记录。外场原始记录表中分析一栏由实际进行采样工作的两位人员签字,项目负责人对原始记录填写是否规范、涉及计算的数据是否计算正确进行校核,校核完成后在校核一栏中签字。

若为自动化打印,原始记录容易消失或模糊的(如:光敏纸打印的记录),应在记录形成后及时复印,并将复印件及打印的原件粘贴在相应的原始记录表中,记录在此转移过程中不得做任何的改动。

若有需要送回实验室分析的水样,应在水样交接时由送样人和接样人填写水样交接单,清点样品,核查样品的有效性。

实验室应根据水样的保存时间,合理安排人员进行分析检测,及时填写原始记录,由实验室技术负责人进行审核并签字。

通常情况,书写录入应做到及时、准确、真实、完整。原始记录的编号应与对应的检验检测报告编号一致。原始记录中应明确写出检验检测所采用的方法,要细化到采用的标准号、标准名称及采用的具体条款(适用时)等内容。所有的检验检测原始记录应按规定的格式当时填写。书写时应使用蓝/黑色钢笔或签字笔,字迹要清晰,不得漏记、补记、追记、重抄。所有签名必须由本人完成,不能代签。原始记录不得删除。如必须修正,应保证修正前的记录能够辨认,原始记录填写错误需要更正时,应采用"杠改"方式。实施记录改动的人员应在更改处签名或等效标识,在"杠改"记录的右上方填上正确的内容,由修正人签名并注明修正时间及原因(修正仅限于操作人员本人),对检测过程中因故作废的检测记录也应予以保留。

(3)环境监测报告出具及提交要求。

每份监测报告应至少包括下列信息:

①标题。

②标注资质认定标志,加盖检验检测专用章。

③检验检测机构的名称和地址。

④检验检测报告的唯一性标识和每一页上的标识,以确保能够识别该页是属于检验检测报告的一部分,以及表明检验检测报告结束的清晰标识。

⑤委托监测单位的名称、联系电话和地址。

⑥所使用的检验检测方法。

⑦检验检测样品的状态描述(如水样)。

⑧样品的接收日期和进行检验检测的日期。

⑨检验检测检报告的批准人。

⑩检验检测结果的测量单位。

⑪检验检测结果来自外部提供时需要标注相应信息(提供结果检验检测机构名称、资质证书编号、地址,提供结果报告编号,是否为有能力分包)。

⑫做出未经本机构批准,不得复制(全文复制除外)报告或证书的声明。监测报告编制完成后,由项目负责人进行校核,最后提交技术人员审核。

环境监测报告编制完成后,应及时向委托的单位提交监测报告、分析报告等资料。项目负责人应扫描存档签字盖章后的监测报告和分析报告电子版文件。

本章充分结合交通环境影响源以及云南区域环境特点,运用生态学原理和层次分析法,尺寸云南省交通基础设施建设生态环境监测指标体系,以及水环境、噪声、大气、土壤和生态监测指标的构建进行了介绍。基于对云南公路项目特点,优化了监测点位布设、实验器材、样品采集、监测时间和频率、分析方法和特殊情况处理,形成了云南省公路环境监测成套解决方案。

6

CHAPTER 6

云南山区公路建设环境保护管理研究

6.1 公路建设环境保护管理目标

为贯彻国家、云南省政府及云南省交通运输厅环境保护相关法律、条例及政策,防治公路建设项目环境污染,确保绿美公路建设达到预期的效果。通过开展云南山区公路建设环境保护管理研究,减少公路项目对云南山区生态环境造成污染和破坏,改善路域的生态环境质量,规范山区公路建设的环境保护工作,确保环境保护工作在公路建设领域的具体落实。具体要求在环评、水保文件中均有明确,确保环境管理合理合规不违法,放心生产不停产,生态环境风险可控,环保问题可整治。从而实现:

①公路施工期土地资源和表土资源的保护、利用工作,减少公路建设对沿线表土资源的破坏,尤其在生态敏感区,补偿公路建设对沿线土地资源的占用。

②公路施工期植物资源保护工作,最大限度地降低公路建设所引起的生物量损失,保护公路沿线的植物资源。

③公路施工期的水环境保护工作,最大限度地减少对公路建设对沿线水环境的破坏,重点是保护公路沿线水环境保护目标的水环境质量。

④公路景观资源保护和利用工作,最大限度地保护沿线自然景观,充分利用沿线景观资源,努力使路侧树木、灌丛和水体等成为公路景观的组成部分,为公路驾乘人员创造优美的行车路域环境。

⑤公路施工期社会敏感路段环境保护的施工建设,减少公路建设对沿线社会环境的不利影响。

⑥环境友好型施工的开展,确保各项工程都能够严格按照环境友好型建设的指标要求实施。

6.1.1 建设单位环境管理总体目标

建设单位是公路建设项目环境保护工作的责任主体。对公路项目建设过程中的环境保护相关工作负全面责任,建设单位应当依据以下法律法规及其他管理规定开展工作:

①国家、行业和云南省环境保护相关的法律法规及规章。

②国家、行业和云南省环境保护相关的标准、规范及规程。

③国家、行业和云南省环境保护相关的规范性文件。

④公路项目立项及其批复文件。

⑤公路项目设计及其批复文件。

⑥公路项目环境保护影响评价文件及其批复。

⑦公路项目环保相关合同文件。

⑧项目环境保护规章制度。

公路建设单位指定专(兼)职部门全程负责开展项目环境保护工作,办理环境保护相关手续,建立项目环境保护管理制度,明确单位环保负责人和相关人员的职责。指定专人搜集并保管公路建设项目环境保护相关的各类政策文件和技术资料,做好环保台账管理工作,检查参建各方环境保护工作落实情况,督促参建单位各司其职,配合环保系统和行业主管部门的各类专项检查,组织做好环保宣传和自主验收等相关工作,统筹推进环境保护相关的各类管理事项。

严格落实环境影响评价和"三同时"保护制度。公路建设项目的生态环境保护措施和设施,应与主体工程同时设计、同时施工、同时投产使用("三同时"制度),生态环境保护的设施应当符合经批准的环评文件要求,不得擅自更改。同时,依法要向社会公开建设项目的生态环境信息,按照有关规定落实公众参与制度,确保生态环境信息公开及时、充分及有效。建设单位还应当积极配合政府管理部门的监督检查,不得隐瞒事实、弄虚作假。

6.1.2 施工单位环境管理总体目标

落实环评批复中要求的环境保护措施,积极开展环境保护宣传、教育,提高参建单位人员的环境保护意识和文明施工素质。施工过程中应按照环评文件、施工图设计文件及相关批复意见及"三同时"制度,落实环境保护工作措施和要求。

施工单位应设置相应的环境保护管理机构,建立环水保体系。编制公路施工期突发环境事件应急预案,开展环境安全隐患排查,建立环境风险排查治理档案。同时,按照环境影响评价文件及其批复的要求,认真落实环境污染防治和生态保护措施,对施工现场扬尘、噪声、振动、废气、废水、固体废弃物等污染采取有效的防治措施,防止或者减轻对公路项目周边水源、植被、景观等自然环境的影响,从而改善、恢复施工场地周围的环境。

6.1.3 环境监理单位环境管理总体目标

环境监理负责公路施工期工程环保、水保监理的实施工作,有效落实建设项目"三同时"监督检查和竣工环保验收管理的有关规定,协助建设单位落实施工阶段环评报告及其批复中提出的措施要求。

（1）建立、管理公路工程环境监理(环保、水保)档案,填写监理日志、编写公路工程环境监理月报,定期向建设单位报告施工单位环保、水保措施实施情况,负责工程竣工环保、水保验收资料的汇总和整理。

（2）检查公路项目的环保、水保措施的实施情况,对突发性环境污染事故和重大水土流失事故进行初步调查,监督施工单位采取相应的应急处理措施。

（3）配合做好环境监测和水土保持监测点位做好施工期环境监测和水土保持监测。

6.2　公路建设环境管理程序

6.2.1　公路建设环境保护工作阶段划分

一般公路建设环境保护工作阶段划分为前期阶段、建设阶段和验收阶段。

（1）前期阶段。

即高速公路项目建议书批复立项之日至项目开工令确定的开工之日,主要工作内容有:搜集并熟悉项目建设资料及环保有关文件,制定建设项目环境保护管理制度,组织编制项目可行性研究报告,重点开展生态选线论证,落实环境保护措施设施等相关投资概算,组织环境影响评价、环境监测及其专项验收、环保工程承包等技术服务招标工作,或者将环境保护设施建设纳入施工合同招标范畴,完成项目环境影响评价、初步设计环保篇章编制、施工图环保措施落实等相关工作,办理相应的环评批复、施工及其他许可手续,组织参建各方做好施工前的环保准备和交底工作。

（2）建设阶段。

即公路项目开工令确定的开工之日至公路项目试运营申请批准之日,主要工作内容有:组织、督促、协调各参建单位按照合同要求开展环境保护工作。落实设计文件、环评文件及其批复的要求,以施工期环境监测为基础,及时指导参建各方采取有效的环保措施;加强参建各方环保知识与技能的培训,组织做好项目实施过程中的环保信息公开与宣传工作;履行环保设计变更、环评变更等的审批或报批工作;抓好工程环保的监督管理工作,如实查验、监测、记载环保设施建设和调试情况,确保环保各项措施得到有效落实。

（3）验收阶段。

即公路项目试运营申请批准之日至公路项目环保验收信息网上平台填报递交之日,主要工作内容有:组织成立公路项目验收工作组,做好环保验收相关准备工作,完成工程施工阶段环保遗留问题的处理,缺陷责任期内环保缺陷责任的认定及修复,协助开展项目环保验收生态调查和现场监测工作,督促各参建单位做好环保专项验收支持配合工作,组织编制环保验收报告,召开项目环保验收会议,完成环保专项验收及整改工作,办理网上备案等验收工作。

6.2.2　公路建设项目环境管理组织架构

按照环保的有关要求,公路建设项目的各参建单位要建立健全环境管理组织机构,详见图6-1,根据环境管理职责,分别编制环境管理文件,并根据实际情况,不断优化管理体系。

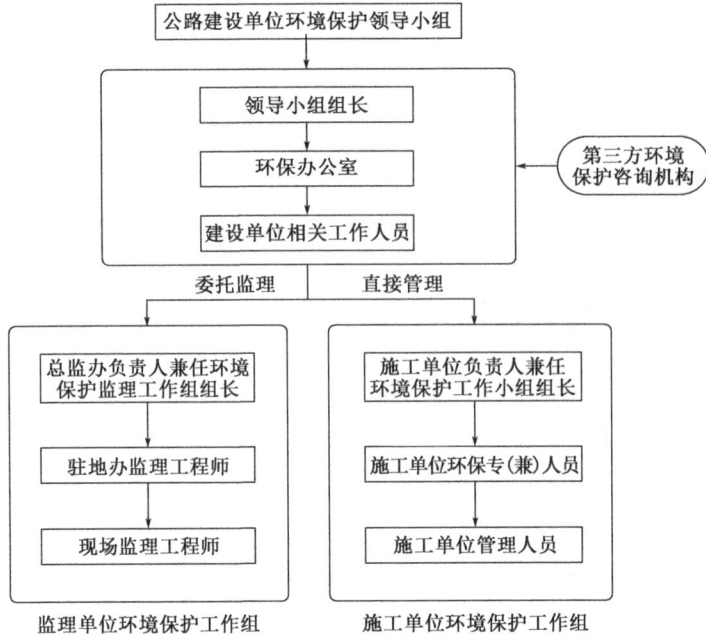

图 6-1　公路建设项目环境管理组织架构

（1）建设单位应成立环境保护管理工作组,由单位主要负责人担任组长,环保管家单位主要负责人担任副组长,项目其他部门主要负责人兼任工作组成员。工作组应配备专职人员开展项目环境保护管理工作,对项目环境保护工作实行全过程管控。

（2）工程监理单位要将环境监理纳入工程监理体系,实行总监负责制,并对建设单位环境管理机构负责。

（3）施工单位要建立环境管理组织机构,实行项目经理负责制,应安排专门的副职领导主管施工中的环境保护实施工作,配备专门的环境保护工程师对现场环境保护工作进行自检。

6.3　公路建设项目环保台账与档案管理

作为公路环保合规经营的重要支撑性材料,公路建设各相关单位要建立环保管理台账和档案的管理制度,明确管理的责任部门、人员、流程、形式、权限及保存要求等内容,确保环保的台账和档案的建立、更新、取用有迹可循。

6.3.1　环保管理台账

公路建设单位应编制环保台账,概括性地反映企业总体环保管理和运行的相关情况。台账应列有目录索引和主要内容。台账参考《排污单位环境管理台账及排污许可证执行报告技术规范》,并至少包含以下内容:

①组织机构设置体系及环保工程程序。

②环保专职、兼职工程师人员名单。

③项目经理、项目总工、环保工程师环保职责。

④环保措施实施计划和细则。

⑤环保防治范围、工作内容。

⑥日常环保培训资料。

⑦日常环保工程自检记录,巡视记录。

⑧环保监理例会记录、环保月报。

⑨环保技术交底。

⑩施工弃渣流向和处理记录。

⑪临时措施的设置及数量记录。

⑫降尘、降噪措施记录。

⑬生产生活垃圾的收集处理措施及数量记录。

⑭生活污水处理措施记录。

⑮料场地排水、遮挡措施记录。

⑯施工便道的排水、工程防护、植物防护措施记录。

⑰取弃土场的所有记录,包括拦挡设施的开工记录、弃渣记录、整形记录、绿化记录等。

⑱植物移植方案报批报告、移植开工报告、移植施工记录等。

公路环保相关的台账资料应形成目录和纸质文件,建立电子台账资料并做好备份,根据单位的实际情况及时更新,鼓励单位自建或利用第三方信息化平台进行管理。可按照以下类别进行分类:环保审批与相关手续汇总;环保组织、职能与人员;环保管理制度及其更新记录;污染物收集、储存及治理设施设置情况,设施的维护要求及执行情况,设施的改造、维修及运行情况;污染物排放及处置情况;突发环境事件应急预案、清洁生产审核、环境安全达标建设等报告编制、修订情况,以及企业所接受的各类环保内外部审核报告和结论;历次环保检查记录和整改记录;其他环保相关的信息和资料。

6.3.2　环保档案资料

公路建设单位应完整保存、更新及管理与台账配套的环保档案资料。环保档案资料的保存应完整、连续、规范并建立备份。按照《环境影响评价技术导则　生态影响》(HJ 19—2022)要求开展档案管理,环评、验收、登记备案、处罚等行政和法律类资料,以及环保类技术报告和建设施工图纸等具备长期应用和查考价值的档案资料应永久保存,一般公路项目的环保设施运行记录等在较长时间内具有查考价值的档案,纸质原件保存期限应不低于15年,其他在一定时期内具有查考利用价值的档案资料,纸质原件保存期限应不低于10年。纸质档案销毁时应建立电子档案留存并建立销毁清册。

公路项目的环保档案资料的更新应及时、规范且与台账更新同步。在环保档案资料的调用时应有明确记录并确保归档。

6.4　云南山区公路环境管理现状

通过调研发现,虽然现有的公路环境管理技术方法对云南山区公路沿线的环境保护起到重要的作用,能够有效减少和避免部分环境污染和破坏,有效降低云南山区公路生态环境影响。但从公路建设项目全寿命周期管理的特点和环境影响的全面性及复杂性来看,云南山区公路建设项目的环境管理工作还缺乏系统性和计划性,山区的公路建设项目的环境管理覆盖得还不全面,其技术方法还未形成完整的体系,仍是关注项目不被环保部门行政处罚、确保公路建设施工和验收不受影响的层面上,公路的生态环境保护一直处于被动局面。公路环境管理存在的主要问题如下:

①部分公路建设单位对环境保护工作存在工作内容及边界不明确、工作机制不清晰,缺乏相关的专业技术人才,在环境管理方面的经验不足,存在一定盲区。

②部分建设单位未建立健全环境风险排查机制。在公路建设过程中,未采取环境合规管理的预防措施,未及时掌握和理解环境政策法规变化提出的新的管理需求,在环保方面的资金投入较大,以及环境风险隐患认识不清晰,只是等到施工现场出现生态环境问题或者被环保部门检查通报,才重视起来去处理。

③公路建设项目环境管理缺乏完整性。公路建设不同阶段的环保要求不同,施工作业重点也不一样,部分项目人员流动性大,导致云南山区公路环境管理工作的连续性不足,生态环境保护的效果和领导的重视程度有关,缺乏系统性,部分台账资料完整性不强。

面对日趋频繁和严格的环保督察,建设单位对生态环境保护规律认识也在不断深化,公路建设项目不再只停留在环境问题产生再去解决的末端管理。在云南山区公路建设项目环境管理的实践中,依据《中华人民共和国环境保护法》及相关环境保护管理条例,制定了多种的环保法规和技术规范,总结出一些环境管理技术方法,起到了有效控制环境污染、阻止破坏生态环境的作用。

6.5 云南山区公路建设前期环境管理要点

公路建设单位应积极协调参建各方与政府主管部门,落实有关环境保护工作事宜,为各参建单位开展建设项目环境保护工作提供有利条件。建设单位应依法委托具有相应资质及技术能力的单位从事公路建设项目环境影响评价工作。环境影响等级高的公路建设项目可将环境监理一并纳入工程监理招标范畴。在项目开工建设前做好施工期环境监测、环保设施承包、环保竣工验收、环保专项咨询等招标工作。

6.5.1 公路项目前期的工作准备

建设单位应全面收集并管理与建设项目环境保护相关的有效文件资料,若公路项目的前期由政府部门组织实施的,移交后建设单位应检查或补齐各类环保文件,并组织相关人员系统学习和熟悉国家对建设项目环境保护工作的相关要求。同时应根据公路项目沿线城市总体规划、土地利用总体规划、环境功能区划等相关规划,结合建设项目工程特点,深入了解建设项目所在区域环境现状,了解建设项目环境影响范围内的环境敏感区。

6.5.2 工程可行性研究中的环保工作

(1)同步开展环保工作。

建设单位应充分考虑设计方案对工程环境的影响,督促工程可行性研究报告编制单位科学规划、统筹安排、合理布局、多方案比选,科学选址、选线,减少生态环境影响。新建公路项目,应当避免穿越自然保护区重要区域(包括核心区、缓冲区与实验区)、风景名胜区核心景区、饮用水源一级保护区等依法划定的需要特殊保护的环境敏感区。因工程条件和自然因素限制,确需穿越自然保护区实验区、风景名胜区核心景区以外范围、饮用水源二级保护区或准保护区的,建设单位应当事先征得相关单位同意。

(2)深化方案比选。

公路项目的工可编制单位把生态环保理念贯彻到方案比选过程中,不断深化工程方案,从环保角度分析方案的技术可行性和实施合理性,使工程方案有利于环境保护和资源节约,有利于影响区域生态环境的可持续发展。

(3)做好环保投资估算。

公路建设单位需要加强环保投入,督促工可编制单位将项目环境保护投资估算纳入项目总投资估算中,环保投资可参考《公路工程建设项目投资估算编制方法》(JTG 3820)规定。

6.5.3 环境影响评价工作要求

公路建设项目的环境影响评价工作严格按照《环境影响评价技术导则 公路建设项目》(HJ 1258)有关规定开展,公路建设单位应当在工可阶段委托或公开招标选择含"交通运输"评价范围且有一定业绩基础的环境影响评价单位(简称"环评单位")开展项目环评工作。在工可文件批复后正式开展评价工作,在初步设计文件审批前完成文本编制及审查工作,在施工图阶段完成环评文件的报批工作。建设项目的环评文件未依法经审批部门审查或批准的,公路建设单位不得开工建设。环评信息公开与公众参与的时间、方式、内容按照《环境影响评价公众参与办法》(生态环境部令第4号)执行。建设项目环评文件实行分级审批。环评文件编制完成后,由建设单位报有审批权的环境保护行政主管部门审批。按照重新报批(审)的规定:建设项目环评文件自批准之日起满5年,建设项目方开工建设的,环评文件应当报原审批部门重新审核,经审核同意后方可开工建设。建设项目的环评文件经批准后,建设项目的性质、规模、地点、采用的生产工艺或者防治污染、防止生态破坏的措施发生重大变动的,建设单位应当向原审批部门重新报批建设项目的环评文件。

6.5.4 勘察设计环境管理要求

设计单位按《公路环境保护设计规范》(JTG B04)和《建设项目环境保护设计规定》的要求开展环保设计,在初步设计文件中编制环境保护篇章,落实项目环评文件有关要求,设计单位在施工图设计中落实初步设计环保篇章中的措施,完成环保工程、绿化工程、边坡修复等环境保护措施的施工图设计工作。

建设单位应委托初审单位在对初步设计文件进行审查的同时,对环保相关内容进行审查。涉及环境敏感区的环境保护的工程施工图设计完成后,建设单位在组织施工图会议审查时邀请环保专家参加,重点对施工图文件中的环保措施的有效性和合理性进行审查。建设单位应督促设计单位落实施工图环境保护审查意见进行修改完善,并按相关程序报交通运输行业主管部门审批。

6.6 云南山区公路建设阶段环境管理要点

建设单位应按照环评文件、施工图设计文件及相关批复意见落实环境保护工作,组织制定施工期环境保护工作方案,适时组织监督抽查。建设单位应督促施工单位落实环境保护措施,积极开展环境保护宣传、教育和培训,提高参建单位及人员的环境保护意识和文明施工素质。建设单位应当督促参建各方及环保技术服务机构按期履行合同要求,检查各个节点的工作成果与质量。建设单位应督促设计单位加强对环保设施实施过程中指导和跟踪。根据项目实施情况,开展项目环保设施动态设计。建设单位应当及时处置公众的环境诉求,主动接受社会监督,全力做好项目建设期间的环境保护工作。

6.6.1 施工阶段环保工作重点

(1)生态保护和污染防治措施落实。

公路项目的施工单位应采用经济适用的设备或技术,对施工生产废水和生活污水分类处理与循环利用,废水排放应符合环评文件中的污水排放标准要求,严禁直接排放污水。涉及声环境保护目标、野生动物栖息地等敏感区段施工时,施工单位应控制施工活动时段,优化生产工艺,综合应用吸声、隔声、减振手段,控制施工噪声与振动的影响,保证施工场界噪声达标排放涉及环境空气保护目标、野生动物集中分布区等环境敏感区施工时,施工单位应按照环评文件及批复要求落实大气环境保护措施,实施清洁运输、清洁施工与烟气控制,保证施工场界扬尘达到排放。

监理单位加强项目建设过程中环境保护相关污染防治措施和施工行为的全过程监督和管理,对生态具有严重影响的施工、在环境敏感区的施工或隐蔽环保工程施工时采取旁站等方式,强化现场检查频次,有效落实环境保护工作。

建设单位应督促施工单位可参照《贵州省公路建设项目生态环境保护管理指南(试行)》(黔交科技[2024]2号)、环评文件及其批复文件的要求,采取环境污染防治和生态保护措施,控制施工现场扬尘、噪声、振动、废气、废水、固体废弃物等污染,防止或者减轻施工对水源、植被、景观等自然环境的影响,改善、恢复施工场地周围的环境;公路项目的配套环境保护设施应与主体工程同时施工、安装,并保证配套环境保护设施质量合格。

公路施工环保可能存在的问题汇总见表6-1。

公路施工环保可能存在的问题汇总表 表6-1

序号	污染场所	具体问题描述	措施要求
1	临时场站沉淀池和罐车清洗废水	车辆冲洗池以及污水沉淀池堆积的污泥长期未清理,已凝固,沉淀池不能正常使用	清理车辆冲洗池以及污水沉淀池,确保车辆冲洗池以及污水沉淀池(环保设施)正常运行
2		搅拌站部分生产废水和生活废水经多级沉淀后外排	对所有生产废水和生活污水收集沉淀处理后进行回用,严禁外排
3		围墙外排水沟尾端周边公路路面有拌和站生产废水流淌残留痕迹	完善厂区雨污分流设施,生产废水、场地冲洗水、混凝土搅拌运输车清洗废水等全部收集进入沉淀池,禁止直接排放

续上表

序号	污染场所	具体问题描述	措施要求
4	临时场站沉淀池和罐车清洗废水	场地设有(非雨水)排水口,检查时,无废水外排	立即封堵设置在搅拌机外侧场地的排水口
5		三级沉淀池淤泥较多,罐车清洗水和场地清洗水未经沉淀排入外环境(红线)	清理沉淀池淤泥,设置车辆冲洗池,严禁未经沉淀处理外排
6		混凝土运输罐车洗罐废水部分通过雨水沟排入外环境;厂区外排水沟旁有部分淤泥堆积	清除堆放在外环境的洗罐废水及洗罐废料,设备、车辆清洗废水经沉淀处理后回用
7		部分罐车未到罐车清洗水沉淀池处清洗,导致清洗水未进入沉淀池直接排入外环境	立即清理倾倒的生产废料,建设防护围挡,严禁生产废料和废水进入水体河床
8		(弃渣场)倾倒混凝土运输罐车清洗废水,清洗的废水未经沉淀直接排入外环境,最终流入自然水体	严禁清洗罐车的废水未经处理直接排入外环境
9		沉淀池内废水及沉淀物倾倒至河道附近,废水沉积废液排入水体,干涸河床上有生产废水流淌痕迹和水泥浆沉积物、河道淤泥物存在废料沉积物	罐车清洗水必须收集到沉淀池内,不得任意流淌
10	施工场站雨污分流	未实现雨污分流,厂区内的生产废水通过雨水沟直接排放至外环境,最终流入自然水体	做好场地硬化,设置场地清洗水截流沟,将场地清洗水全部接入沉淀池处理后回用于生产;规范建设雨污分流系统,严禁雨污混流,严禁生产生活污水外排;完善雨水排水沟,实现场区内雨污分流
11		不能全部收集厂区内的场地清洗水,存在场地清洗水通过雨水沟外排现象	
12		场地未全部硬化,雨污混合	
13		废水收集沟道过浅,存在收集沟道废水溢出至雨水收集沟道,进入雨水收集池,雨污分流不完善	
14	危废处理废机油	危险废物暂存间标志、标识不符合规范,暂存间内混堆有其他材料;废机油管理不规范	完善危险废物储存间标识标牌,对部分危废桶粘贴标识,地面及墙裙按照《危险废物贮存污染控制标准》(GB 18597)要求做好防渗,设置事故应急池和导流管,制作危废管理制度并上墙
15		堆空机油桶;杂物仓库前堆有机油桶,临时堆放点无危险废物标识牌	加强废矿物油管理,对机油空桶集中规范堆存
16		搅拌站未规范设置危险废物暂存间,暂存间内堆放有非危险废物,未规范设置危险废物标识、标牌	规范设置危险废物暂存间,完善危废暂存间"三防"措施,暂存间内严禁存放非危险废物,规范设置危险废物标识标牌,将危险废物沾染物(包装桶)规范暂存于暂存间内
17		危险废物暂存间内堆放有杂物	规范管理危险废物暂存间,暂存间内不得堆放杂物

续上表

序号	污染场所	具体问题描述	措施要求
18	危废处理废机油	废矿物油露天堆放,未设置危险废物暂存间	按照《中华人民共和国固体废物环境污染防治法》规范设置危险废物暂存间
19		危废暂存间属混堆,无防渗、防腐设施;危废暂存间未设置围堰及导流槽、废机油桶无标识;危废暂存间未上锁;无废机油储存量的相关台账	规范危废暂存间,完善防渗、防腐设施,设置围堰及导流槽;建立废机油的台账
20		危险废物暂存间未完全密闭,未规范存储,未与有危险废物转运资质的企业签订危废转运合同	规范危险废物暂存间,与有危险废物转运资质的企业签订危废转运合同
21		危废暂存间设置不规范,堆放点地面未做防渗,标识牌不规范,未建立管理台账	规范设置危废暂存间,做好"三防"措施,建立健全管理台账
22		废矿物油泼洒现象	按固体废物污染环境防治法和危险废物管理相关法律法规,做好危险废物的管理。建设危废暂存间,露天堆放的废矿物油应及时收集到危废暂存间,并做好相应台账记录
23	露天堆放,无遮挡、防渗处理	废弃混凝土、沉淀渣等固体废物露天堆放,未采取密闭、围挡、遮盖、洒水等措施控制、减少粉尘排放	对暂存的废弃混凝土、沉淀渣等固体废物采取遮盖、喷淋等降尘、抑尘措施
24		废弃混凝土、沉淀渣等固体废物临时堆放场区一侧边坡,未采取防渗漏措施,未设置围挡设施防止固体废物流散	完善废弃混凝土、沉淀渣等固体废物暂存场所防渗漏措施、防流散围挡设施,规范设置废物混凝土渗滤液收集池
25		搅拌站破碎制沙生产线及物料(碎石、粗砂、细砂)露天堆放,无防扬散设施,未设围挡,物料经雨水冲刷后随山间自然沟渠外流	设置堆存物料堆存场所的围挡,并对堆存物料进行覆盖和洒水降尘
26		未对废弃混凝土、沉淀渣等固体暂存场地下侧废水收集池进行防渗、加固处理	及时按要求对废弃混凝土、沉淀渣等固体废物暂存场地下侧废水收集池进行防渗、加固处理
27	固体废弃物	附近堆积一般固体废物,并堆积有生活垃圾	清理场地内堆积的一般固体废物(混凝土砖)以及生活垃圾
28		厂区内未设置固定垃圾收集池,垃圾随意堆放	在厂区区域内建立固定垃圾收集池,并建立围堰及雨棚
29		混凝土拌和站侧沟内遗留大量混凝土沉淀物	对遗留的混凝土沉淀物进行清理

序号	污染场所	具体问题描述	措施要求
30	水污染	化粪池砌砖破损(或直接排放),污水通过破损处直接流入外环境,最终流入自然水体	立即修复化粪池砌砖破损处(取消外排口)
31		厂区公厕所设置的化粪收集池底部有生活污水溢出至厂区外墙的沟道内	立即对溢出外墙的生活污水进行抽运并妥善处置,并对化粪收集池进行防渗处理,不得外排
32		食堂未建隔油池,食堂污水排入外环境	生活污水未经隔油池预处理排入化粪池
33		生活区厨房污水外排,厕所污水外排	规范建设隔油池,集中收集厨房废水回用,不得外排
34	扬尘污染	原料堆积仓库和提料仓未设喷淋设施	在原料堆积仓库和提料仓内设置喷淋设施,减少扬尘污染
35		物料露天堆放,无防尘措施	砂石料采取有效覆盖或运至砂石料大棚堆场内
36		料场喷淋降尘设施未完全覆盖	增加料场喷淋降尘设施做到全覆盖
37		地面有积尘现象,未采取喷淋、洒水等抑尘措施	及时对厂区地面进行清扫、洒水降尘
38		废料场地扬尘过大,无洒水痕迹	严格按照环评要求落实防治扬尘措施,加大洒水频次
39		车辆经过有粉尘无组织排放。施工时,虽有防尘措施,但扬尘措施不到位,扬尘较大;渣土运输车辆未进行覆盖,扬尘明显	加强对场区道路洒水降尘工作,防止粉尘污染
40	施工污水	打桩机循环池内废水,存在排入河道的情况	严格按照环评及批复中的要求,禁止施工废水排入沿线水体
41		河水流经生产废料堆场后河水变混浊,流入水体自净后与江水体颜色差异较为明显	加强防尘降尘、生产废料等固体废物、生产清洗废水和生活污水收集、处理措施,减少对周边环境造成的影响
42		隧道涌水、地表冲刷水等污水经沉淀后排入下游河道,水质较浑浊	隧道涌水需经过处理后,达标才能排放
43	台账资料	未编制突发环境事件应急预案,未建立环境风险排查治理档案,未开展环境安全隐患排查	尽快编制突发环境事件应急预案,并上报生态环境保护主管部门备案
44		环保、水保组织机构和保障体系不健全、措施不到位	按照环保台账的相关要求完善台账资料
45		环境保护工作台账(月报)、环保整改工作记录不完整	

(2)公路项目突发环境事件处理。

建设单位宜编制施工期突发环境事件应急预案,完善应急物资,组织各参建单位开展应急演练,确保施工中突发环境污染事故能得到及时有效的处理与处置。建设单位应建立信息通报上报机制,及时将突发环境事件情况上报当地环境主管部门和其他有关单位,突发环境上报机制可参照生态环境部印发的《突发环境事件信息报告办法》执行。

6.6.2　施工期环境监测要求

公路建设单位应按环评文件要求委托有资质的环境监测单位对公路建设项目施工期环境影响进行定期监测。受委托的环境监测单位应组织制定施工期环境监测方案,定期对环境保护设施运行情况、生态保护措施落实情况和周围环境影响情况进行测试分析,及时向建设单位提交建设项目施工期环境监测月度(季度)报告、年度总结报告、专项分析报告等资料,如有需要,向受影响区域群众公开施工期环境监测报告相关内容。环境监测结果无法满足环保要求时,建设单位应根据环境监测单位提供的环境监测月度报告、季度报告、专项分析报告等资料督促施工单位采取有效措施,减少环境污染,达标排放污染物,切实改善施工环境质量。

6.6.3　项目完工环保工作要点

在公路项目施工结束后,公路建设单位应组织工程环保措施落实和施工现场的环境恢复情况等检查工作,督促施工单位及时撤出临时占地,拆除施工栈桥、桩基、桥台等临时设施,并恢复临时用地的原状。建设单位在项目投入运营前应当开展突发环境事件风险评估,制定突发环境事件风险防控措施,排查治理环境安全隐患,制定突发环境事件应急预案并备案。

6.7　云南山区公路建设验收阶段环境管理要点

公路建设单位是建设项目竣工环境保护验收的责任主体,按照规定的程序和标准,组织对配套建设的环境保护设施进行验收,编制验收报告,公开相关信息,接受社会监督,确保建设项目需要配套建设的环境保护设施与主体工程同时投产或者使用,并对验收内容、结论和所公开信息的真实性、准确性和完整性负责,不得在验收过程中弄虚作假。

公路建设单位应当按照《建设项目竣工环境保护验收暂行办法》,组织人员对环境保护设施进行自主验收(在上位法未更新前,涉及噪声、固体废物排放部分仍向环保行政主管部门申请行政验收)。高速公路建设项目开展竣工环保验收,需满足以下条件:

(1)环境保护审查、审批手续完备,技术资料与环境保护档案资料齐全。

(2)环境保护设施及其他措施等已按环评文件及其批复和项目设计文件的要求建成或者落实,环境保护设施试运行合格,其防治污染能力适应主体工程的需要。

(3)环境保护设施安装质量符合国家和有关部门颁发的专业工程验收规范、规程和检验评定标准。

(4)具备环境保护设施正常运转的条件,包括:经培训合格的操作人员,健全的岗位操作规程及相应的规章制度,原料、动力供应落实,符合交付使用的其他要求。

(5)污染物排放符合环评文件及其批复和项目设计文件中提出的标准及核定的污染物排放总量控制指标的要求。

(6)各项生态保护措施按环评文件及其批复规定的要求落实,建设项目建设过程中受到破坏并恢复的环境已按规定采取了恢复措施。

(7)环评文件提出需对施工期环境保护措施落实情况进行工程环境监理的,已按规定要求完成。

(8)环评文件要求建设单位采取替代措施降低项目占地或其他资源消耗的,其相应措施得到落实。

公路建设项目投入试运营后,建设单位可以自行进行环境保护竣工验收,不具备编制验收调查报告能力的,可以委托各级交通环境监测中心、社会化环境监测机构、环评单位等专业机构编制验收调查报告。建设单位对受委托的技术机构编制的验收调查报告结论负责。

公路建设单位协助环保验收技术服务机构做好项目环保验收调查工作,重点调查环保手续履行、项目实际建设和环保设施建设等方面的情况,核查工程设计、建设变更情况及环境敏感目标情况,调查工程建设期和试运营期造成的实际环境影响,详细核查环评文件及设计文件提出的环境保护措施落实情况、运行情况、有效性和环评批复有关要求的执行情况,开展公众意见调查。

7

CHAPTER 7

云南交通环境保护
信息化研究

7.1 交通生态环境信息化平台开发意义

在大数据时代背景下,生态环境保护工作离不开信息化支撑。生态环境信息化是生态环境管理和环境监管现代化的重要组成和抓手,也是环保能力建设的一个重要组成部分,是覆盖环保各领域的一项综合性工作。环境信息化建设关系环境管理决策科学化,是制约生态环境管理的效能和水平的重要因素。当前,环境信息种类繁多、数量巨大,仅凭原有的人工模式难以为继。只有通过深入推进环境信息化建设,实现环境信息采集、传输和管理的数字化、智能化、网络化,才能从大量繁杂的信息中把握重点、发现趋势,使环境管理决策体现时代性、把握规律性、富于创造性,提高环境管理决策的水平和能力,推动各类环境问题的有效解决。因此,有必要开展环保信息化建设,依托物联网技术,以地理信息系统(GIS)为核心,以数据库为支持,实现空间数据的输入、查询、分析、输出和管理的可视化,便于维护和扩展。在为环保管理提供排污源点监测与污染源举报实时监测、环境应急预警预报功能的同时,采用符合环境监测工作特点的数据组织方式,以实现环境监测数据统计分析、自动归档及档案管理等功能。

交通运输行业环境监测网络信息管理系统是为实现交通行业的环境监测数据统一集成、统一管理的必要系统,作为交通运输环境监测网络建设的中枢环节,是保证整个交通运输行业环境监测网络体系有效运行和有效管理的前提和关键。当前,一方面,云南省交通运输环境监测信息化建设还处于起步阶段,生态环境监测与环保统计工作全靠人工手动操作实现,上报时间长,普查追踪溯源困难;另一方面,交通环境监测信息的传输全靠传统的纸质或单机网络方式上报,自动化程度低,技术相对落后,信息反馈慢,工作效率低,还无法完全满足交通生态环境保护信息化发展的要求。因此,亟需建设云南省交通运输环境监测信息处理平台,提高行业的环境信息化水平。

　　随着信息技术的飞速发展和管理需求的不断攀升,交通生态环境信息化工作在探索实践中不断发展进步。通过开展交通运输环境监测网络建设,推进交通行业环境监测数字化、信息化,实现行业环境数据资源系统化和科学化管理。同时,建设交通生态环境在线监测点,将在线环境监测技术纳入环境监测中心应用范畴,提供实时动态环境监测的数据支撑,从而有效提高环境应急能力,实现环境污染应急预警预报,为管理提供有力依据,为污染减排服务。进而能完善和提升生态环境治理体系和治理能力现代化水平,有力保障精准治污、科学治污和依法治污,对"十四五"时期构建智慧高效的交通生态环境信息化体系,助力绿美公路建设和交通生态环境高水平保护具有统筹引领作用。

7.2　交通运输环境监测信息平台设计目的及原则

7.2.1　设计目的

　　通过云南省交通运输环境监测信息平台,管理交通环境监测中心站在交通基础设施建设和运营中获取的环境监测数据;收集、处理、分析交通生态环境在线监测数据;管理及上传交通运输行业公路、水路环境统计报表数据;开展交通环境监测数据的信息发布工作;按照上级主管部门的相关要求,与其环境数据中心实现数据交换和共享。环境监测信息平台是实现行业环境监测数据统一集成、统一管理的必要系统,以标准规范为依托,数据集成系统将监测数据管理入库,并通过数据库设计形成对数据的合理分类与存储,数据库管理系统可以为数据入库提供数据监控和管理,保证数据正确性和规范性。

7.2.2　遵循原则

　　(1)标准化原则:在统一标准的基础上,通过开发合适的适配器接入本项目系统;新开发的业务系统必须符合本项目的技术规范和数据交换标准。

　　(2)安全性原则:本项目系统建设既要保证合法用户能访问其所需的信息,又要屏蔽和禁止非法用户的访问。

　　(3)开放与可扩展性原则:尽量使用成熟、先进的技术和产品,在数据、业务、服务三个层面上满足相关需求。

　　(4)可维护性原则:系统对不同性质用户、系统运行状态、数据资源等应具有良好的可管理性和可维护性。

7.3　交通运输环境监测信息平台需求分析

7.3.1　用户功能需求

　　交通运输环境监测信息平台主要用于增强交通运输环境监测和统计工作的效率和管理水平,提高基础数据的准确性和汇总上报的及时性;服务于省级交通运输主管部门和行业管理部门,为开展环境监管、政策制定、项目审批等提供数据支持服务;同时为交通相关企业、科研单位及社会公众提供交通运输环境基础数据信息。

(1)交通运输主管部门需求。

交通运输主管部门需要掌握本省范围内的公路(水路)环境数据,从而了解交通运输生态环境基本情况;需要深入分析本省范围内公路(水路)交通运输环境存在的问题,开展省内公路(水路)交通运输环境污染的预测预警工作,根据国家相关要求,制定本省交通运输环境的保护方案和监管重点;需要从宏观层面分析本省范围内的交通环境污染状况,以此来支撑本省的环保政策、规划和标准的制定;还需要掌握全省范围内的公路(水路)规划及公路建设项目的生态环境监测数据,以支撑相关公路(水路)规划和建设项目的环评和工可审核以及竣工验收。

(2)云南省交通运输环境监测和统计工作从业人员需求。

向交通运输主管部门和统计工作人员提供便捷高效的交通运输环境数据审核、报送与管理功能,减轻交通运输环境监测和统计人员在数据资料收集、整理方面的工作量,有效提高基础数据的准确性和汇总上报的及时性,进一步增强交通运输环境监测和统计工作的效率和管理水平。

(3)科研单位、交通相关企业以及公众需求。

科研单位的需求:交通运输环境监测和统计数据是交通生态环境保护科研单位开展研究工作的基础,需要利用交通运输环境监测和统计基础数据、相关统计分析报告等文献资料进行交通运输环境污染来源研究、交通运输环境污染治理方法研究、预测预警模型、监测方法设计等;科研单位对交通运输环境数据的需求十分旺盛。

交通相关企业需求:交通部门的有关企业及许多与交通相关的企业,需要按照环境监测和环境统计要求按时提交交通运输环境统计结果、环境监测结果、交通运输环境污染情况,同时,他们对于交通运输环境统计结果、环境监测结果、交通运输环境污染情况等信息有着迫切的需求。

公众需求:公众对环境质量要求日益提高,希望获得更多的有关交通运输环境质量的信息。

7.3.2　系统功能需求

为了满足上述用户的需求,交通运输环境监测信息平台应具有如下主要功能:

(1)提供各类交通运输环境数据的信息检索、查询和获取服务,并能够在此基础上为各级交通运输主管部门提供交通环境数据的报表统计、汇总分析、趋势分析、对比分析、专题分析等功能,为开展环境监管、政策制定、项目审批等提供数据支持服务。

(2)提供交通运输环境监测的历史数据、动态数据和统计数据,实现历史数据充分利用、动态数据自动入库、静态数据自动汇总;实现交通运输生态环境数据交换和共享。

(3)通过为公众提供准确有效的交通运输环境质量和污染状况信息,满足公众知情权;为科研设计单位、交通相关企业提供全面、基础的交通运输环境监测数据和统计资料的查阅及索取服务。

7.3.3　信息频度需求

(1)政府交通主管部门。

宏观管理与决策对信息的频度要求:月度,年度;交通环保分析对信息的频度要求:日,月度,季度。

(2)行业的管理部门。

交通运输环境统计信息的频度要求:月度,季度,年度;交通运输生态环境在线监测信息的频度要求:实时。

(3)科研设计单位。

相关的技术理论研究及相关设计工作对信息的频度要求:不定时。

(4)社会公众。

获取交通环保状况对信息的频度要求:日,月度,年度。

7.3.4　系统性能需求

(1)信息量指标。

业务数据量:交通运输环境业务数据量估算大于127.3GB/年。系统峰值在线用户量:系统在线用户约20人,交通环境统计工作人员及各级数据报送人员约50人,两项合计峰值在线用户量约70人;信息服务访问量:根据交通运输环境对外服务网当前的日访问量,约具备每日300人处理能力;在线监测设备接入量:系统应具备60个实时在线监测设备数据的接入能力。

(2)系统性能要求。

系统可靠性:交通运输环境应用系统属于实时在线业务系统,对可用性要求很高,系统可用性应不小于99.99%,在监测设备在线数据接收、数据库运行稳定性保障方面应提供相应的故障备份策略。

系统响应时间:根据人机工程学和心理学理论,对于一般查询分析和简单计算工作,一般要求本地操作指令发出后,2~3s内就有结果输出;空间数据3~5s内就有结果输出;一般预测、仿真等计算控制在30s范围内。

系统可维护性:要求系统采用模块化和结构化程序设计思想,并产生结构文档工具,以提高系统的可维护性。

系统可移植性:软件设计应具有良好的通用性,能够适应大多数市场主流硬件平台和系统软件环境。

系统安全保密性:本工程所建系统所管理的数据包括敏感区域的环境调查数据,具有一定信息安全保护要求,需要按其安全级别进行保护。

7.4　交通运输环境监测信息平台架构

交通运输环境监测信息平台架构示意图如图7-1所示,平台主要由监测层、信息传输层、软硬件平台以及应用层组成。

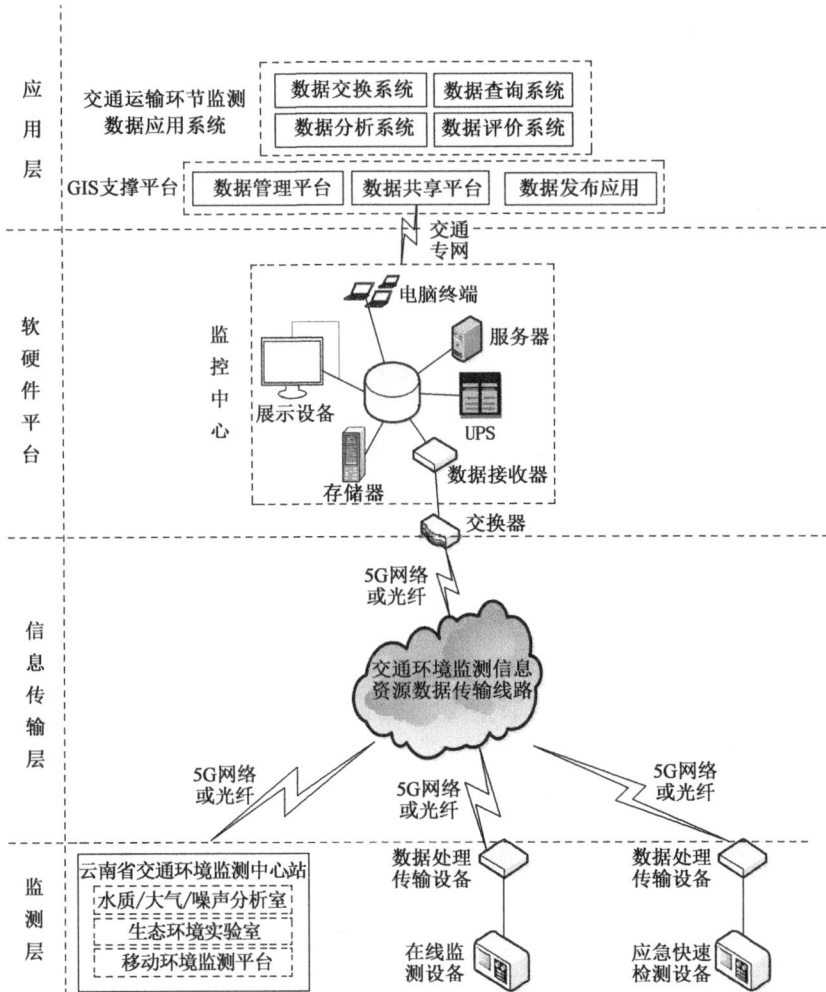

图 7-1　交通运输环境监测信息平台架构示意图

（1）监测层。

包括交通运输环境在线、应急快速监测各级平台以及交通环境监测中心站,监测层用于获取交通运输环境数据。

（2）信息传输层。

由交通运输环境监测信息多源数据传输线路构成,通过网络或光纤实现交通运输环境监测数据的传输。

（3）软硬件平台。

将交通环境信息数据库设置在交通环境监测中心,通过交换机及数据接收器接收环境监测数据并储存在数据库中,通过数据服务器实现交通运输环境信息数据的共享服务,配备不间断电源(UPS)、数据接收器、服务器、存储器、电脑终端等相关硬件设施确保监测中心的日常正常运行。

（4）应用层。

包括 GIS 支撑平台和生态环境监测数据应用系统,GIS 支撑平台包括数据管理平台、数据共享平台和数据发布应用,该平台提供交通运输环境 GIS 组件和统一的环境地理信息应用服务,从而为交通环境监测业务的应用及决策分析提供支持;交通环境监测数据应用系统包括数据交换系统、数据查询系统、数据分析系统和数据评价系统。

基础数据平台需要以标准规范为依托,数据集成系统将监测数据管理入库,并通过数据库设计形成对数据的合理分类与存储,数据库管理系统可以为数据入库提供数据监控和管理,保证数据的正确性和规范性。GIS 支撑平台基于地理信息系统,依托门户网站,提供业务数据的公开与发布。应用系统提供监测数据的查询、分析和评价功能,并提供监测数据的交换服务。

整个软件架构方案采用分层、分布式的部署结构,明确地分为表现层和业务逻辑,能够保证应用服务逻辑的一致性和稳定性、结构的开放性、功能的可扩展性和可维护性、开发的可并行性,同时采用一些开源的框架,兼顾了经济性。软件框架本质上是一种通用且可复用的软件环境(即他人所编写的代码),它提供了特定的功能,用以构成一个更大的软件平台的一部分,从而促进软件应用、产品和解决方案的开发进程。在一个优秀的框架上开发应用,而不是从零开始,可以大量缩短项目的开发周期、降低开发风险、增强应用系统的稳定性。

7.5　交通运输环境监测信息平台建设内容

交通运输环境监测信息平台的主要建设内容包括交通运输环境基础数据系统、应用系统、GIS 支撑平台和基础软硬件支撑平台。

7.5.1　交通运输环境基础数据系统

建设交通运输环境监测数据库管理子系统(以下简称数据库管理子系统)是为实现交通行业监测数据统一集成、统一管理的必要系统,需要制定数据标准规范,管理监测数据的采集和入库,并通过数据库设计形成对数据的合理分类与存储。数据库管理子系统可以为数据入库提供数据监控和管理,保证数据正确性和规范性,另外,数据库管理子系统通过数据共享服务实现对数据统计、分析等服务的共享支撑。

7.5.1.1　数据标准规范制定

通过标准化体系的建设,能够直观、快速、准确、全面地存储、调用和反映交通环保监测业务的各种数据,实现数据、表格和图形交互驱动的可视化查询,从而实现信息数据的科学化、规范化和自动化管理,按统一的规范格式存储所有信息,确保交通运输环境信息资料的统一性和完整性。从而能够准确了解污染物排放情况,正确判断环境形势,科学制定交通运输生态环境保护的政策和规划;有利于有效实施公路主要污染物排放总量的控制计划,切实改善交通运输生态环境质量状况,为交通运输生态环境保护的管理、评价、决策工作提供有效支持。

在平台建设过程中需要参照相关环境信息标准与规范,包括污染源类别代码、环境数据库设计与运行规范、GIS 系统建设规范、元数据规范和污染物代码标准等进行标准规范编制。

(1)统一数据编码体系设计。

建立统一的环境数据编码体系,使环境数据管理标准化、规范化,既可规范前端等应用系统建设,又为环境数据共享交换提供基础。

(2)基础数据指标标准体系建设。

开展交通运输环境监测信息平台基础数据指标标准的制定工作,主要包括交通环境机构的人员信息、生态环境敏感区域和重点区域在线监测点信息、水环境监测和统计数据、大气环境监测和统计数据、噪声监测和统计数据、生态环境监测和统计数据等基础数据指标标准的编制,实现规范交通运输生态环境的基础数据报送和环境管理的工作。

(3)数据管理平台公共代码管理规范。

数据管理平台中各基础业务数据库包括行政区划、污染物、流域等各类公共编码。数据管理平台要在统一基础业务数据库公共代码的基础上进行建设。

(4)环境数据管理平台数据访问接口规范。

环境数据访问接口规范用于规范和指导项目开发人员为数据管理平台对各类交通运输环境数据提供共享服务接口的开发,包括数据访问接口的定义、结构、数据格式等。数据访问接口主要面向交通运输部门其他应用系统,提供从平台获取共享数据的通道。

(5)数据传输与交换规范。

数据传输与交换规范主要用于数据管理平台基础数据库获取不同来源的各类交通运输环境监测信息,实现数据管理平台与应用系统以及数据传输与交换平台进行数据的对接,确保数据集成到数据管理平台。实现交通运输环境监测信息资源的共享,对各类交通运输环境监测数据的集成管理。

(6)交通运输环境空间基础数据加工处理技术规定。

交通运输环境空间基础数据加工处理技术标准规定了常用的交通运输环境空间基础数据制作的数据分类、属性数据描述方法、数据组织、存储格式、数据分层、符号规范、基础配色方案等内容。适用于交通运输环境信息化建设工作中对交通运输环境空间基础数据的加工处理。

7.5.1.2　数据采集系统

交通运输环境监测信息平台按照数据类别可以分为交通运输环境自动监测数据、交通运输环境手工监测数据。针对交通运输环境手工监测数据,平台根据各种数据的不同类型进行分类,并制定相应的监测任务,数据采集系统能够实现不同监测任务监测数据的录入和入库功能。交通运输环境自动监测数据则通过监测仪器数据采集器定时发送数据进入数据库中,实现数据入库。

环境数据来源主要包括前端自动监控设备监测数据、人工填报数据、现有系统业务数据以及其他基础数据,同时兼容未来拟建系统相关数据。通过建立数据监测设备自动采集、数据导入、数据录入等接口进行数据信息搜集汇总。

通过建立统一的交通运输环境数据共享与交换标准(格式标准、传输标准、接口标准、集成标准等),对数据资源进行数据抽取、解析,搭建数据存储机制及库表结构,对汇总的数据进行去除重复、无效数据等数据处理,实现数据规范化入库,并保持与数据库同步更新,数据采集与入库流程图如图7-2所示。

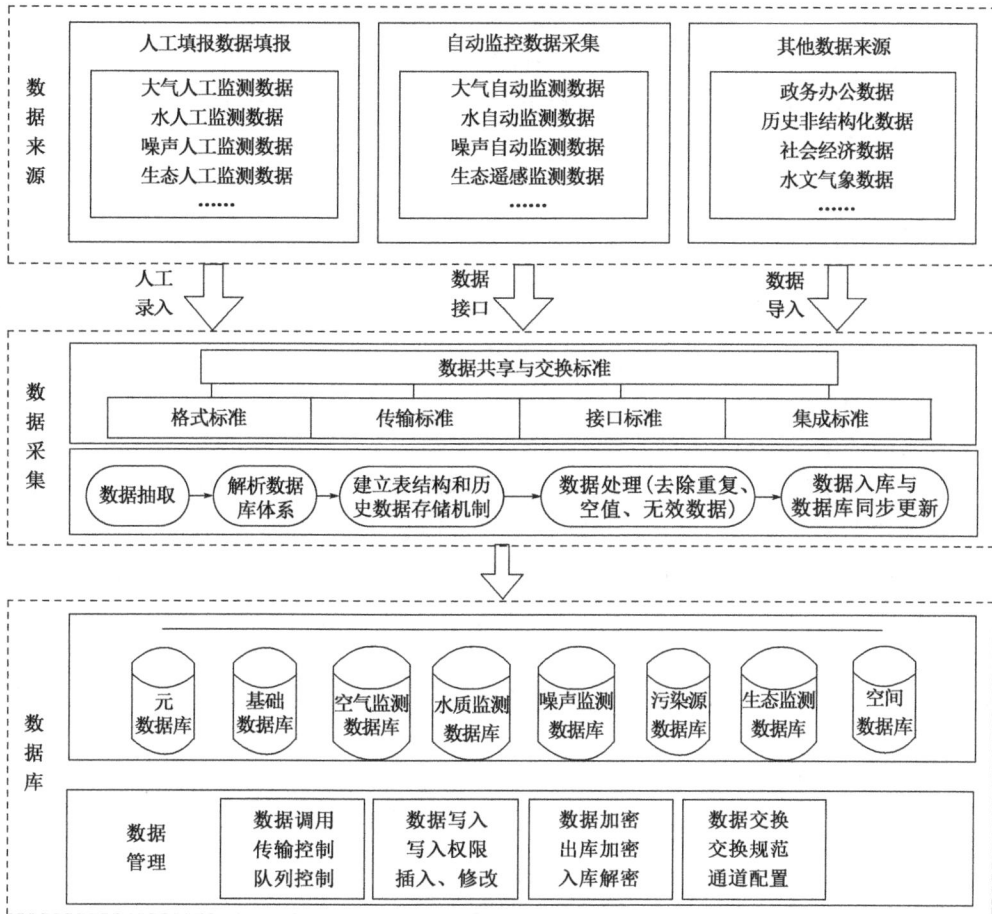

图 7-2   数据采集与入库流程图

（1）数据采集与入库。

根据实际环境监测数据的来源和格式,按照不同来源的更新机制,将数据集成进入交通运输环境数据库,数据集成包括利用抽取转换加载(ETL)、定期直接入库、数据录入以及数据交换入库等方式。利用 ETL 抽取转换加载:对于软件记录数据或某些历史数据,利用 ETL 数据导入工具及相应的 ETL 管理工具,从而实现定期的自动入库或手工入库。

定期直接入库:对于生态环境监测数据,由于数据的采集部门、方式和格式相对固定,不需要制定中间格式数据标准,直接由系统自动进行数据的检查和审核,以数据复制等方式将数据自动转入中心数据库;数据录入:对于某些数据,没有业务系统的支撑,需要通过特定的数据录入表单来进行数据采集入库;数据交换入库:对于异地的数据,通过数据交换引擎,定制可扩展标记语言(xml)交换规范和转换规则,最终通过数据交换管理平台进入数据库。

（2）数据报警。

针对交通运输环境自动监测数据,系统建设数据异常报警模块,通过在监测中心部署的该数据异常报警模块可以实现当前端监测仪器传回数据包数据异常时,系统自动报警并提示工作人员对监测仪器进行检查。此模块需要单独开发并部署在交通环境监测中心。

数据异常报警模块包括:报警设定、数据管理、报警处理等功能。

报警设定：可以通过系统设定各个监测指标的监测阈值和报警条件，一旦数据超过阈值并且满足报警条件后，系统即进行报警。数据管理：通过数据管理功能初步解析监测仪器发回的数据包，并将异常数据展示给交通环境监测中心。报警处理：报警发生后，工作人员通过报警处理记录报警后采取的相关措施。

交通运输环境监测信息的处理中心按照数据类别可以分为交通运输环境自动监测数据、交通运输环境手工监测数据。针对交通运输环境手工监测数据，交通运输环境监测信息处理中心可根据各种数据的不同类型进行分类，并制定相应的监测任务，执行相应的监测任务后，数据采集系统能够实现监测数据的录入，实现数据入库。针对交通运输环境自动监测数据，通过监测仪器数据采集器定时发送数据进入数据库中，实现数据入库。

（3）数据库结构设计。

①交通运输环境基础数据库。

交通运输环境基础数据库包括交通运输环境基础数据和交通运输环境文献类数据。交通运输环境基础数据主要是指交通运输环境机构人员信息、公路项目基本信息、建设单位基本信息、公路环境保护项目基本信息、污染源基本信息、环境质量基本信息、交通运输环境敏感源数据和公共编码基本信息等内容。环境文献类的数据主要包括与交通运输生态环境相关的政策、法规、制度、标准、文献和报告等数据，以及公路项目的环保管理资料、公路环保项目所需的规划、环评及项目的工可、验收等全过程的文档数据。如图 7-3 和表 7-1 所示。

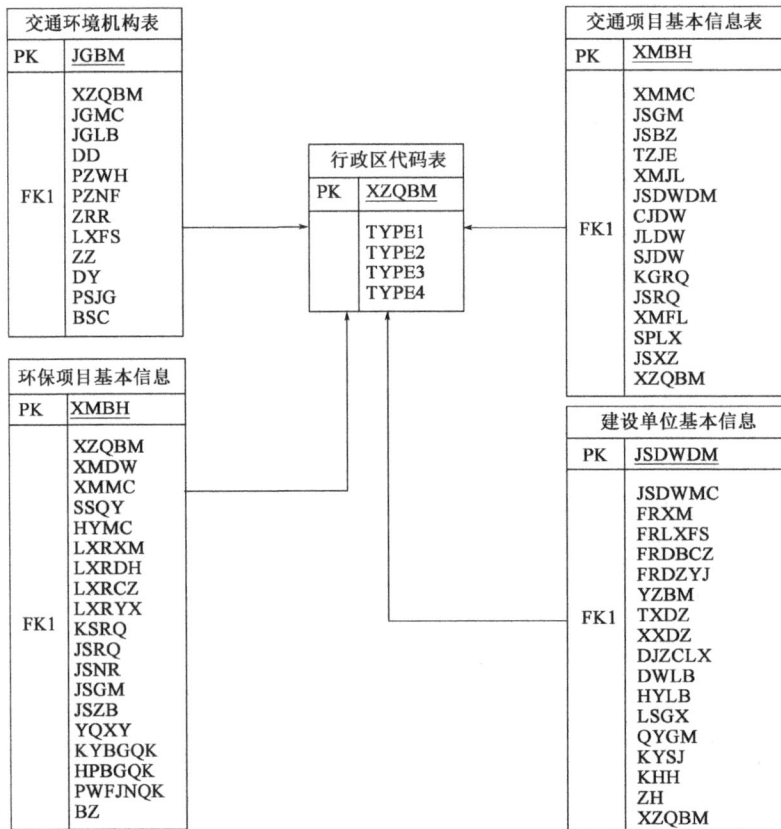

图 7-3　交通运输环境基础数据库表关系图

交通运输环境基础数据 表7-1

序号	数据类别	数据内容
1	交通环境机构人员信息	交通运输政策决策机构,交通运输系统内各级环境保护机构(监测机构),国家、省、地三级环境保护局相关处室等部门的联系方式、主要责任人等;从事交通运输环境政策相关内容研究的专家、学者信息等
2	公路项目基本信息	包括项目名称,建设规模,建设标准,投资,建设单位信息等
3	建设单位基本信息	包括建设单位名称、法人、注册地址等
4	环保项目基本信息	包括项目名称、建设规模、投资等
5	污染源基本信息	包括企业编码\标准污染源编码、企业名称、法人代码等
6	环境质量基本信息	包括水环境质量基本信息、大气环境质量基本信息、噪声环境质量基本信息
7	交通环境敏感资源数据	禁止开发区:自然保护区、森林公园、重点风景名胜区、国家地质公园、中国的世界文化和自然遗产; 生态功能区:生物多样性保护区、水源涵养区、土壤保持区、防风固沙区、洪水调蓄区、地质灾害区; 重要资源分布:重要生态系统、矿产资源、生物资源、水域功能区划; 环境功能区划:海洋功能区划、海洋环境功能区划、河流水功能区划、河流水环境功能区划
8	公共编码基本信息	包括流域(河流水系、受纳水体代码)、行业、污染物、注册类型(登记注册类型)、企业规模、行政区划、能源分类、大气功能区域类型、水体功能区类别基础信息等

②交通运输生态环境基础数据。

交通运输环境文献类数据:主要包括与交通运输环境相关的政策、法规、制度、标准等文献数据,以及公路项目环保管理、交通环保项目所需的规划、环评、工可等全过程管理文档数据。

公路项目环保管理数据:由于公路建设项目环保管理涉及环评阶段、施工建设期、竣工验收期和运营期等不同阶段的各类文档信息,项目建设过程中将收集整合建设项目管理5年的历史数据和未来5年的新增数据。

公路环保项目数据:由于交通环保项目的管理涉及立项申请、工可、初步设计、工程实施、项目验收等不同阶段的各类文档信息,项目建设过程中将收集整合环保项目未来5年的新增数据。

③交通运输环境动静态数据库。

按照交通运输环境监测对象分为大气监测数据、水质监测数据、噪声监测数据等内容。如图7-4所示。

生态环境在线监测仪器信息数据表依据环境保护部门提供的污染源的在线监测仪器信息制定,在线监测仪器信息数据表内容如表7-2所示。

行政区代码表

PK	XZQDM
	TYPE1
	TYPE2
	TYPE3
	TYPE4

监测站信息表

PK	JCZBM
	XZQDM
	JCZMC
	JCZLB
	GLJG
FK1	DZ
	LXR
	LXDH
	JD
	WD
	JSSJ
	BZ

在线监测仪器数据表

PK	YQBH
	JCZDM
	YQXH
	PP
	AZRQ
FK1	SYRQ
	YSRQ
	JCXM
	JCXMLX
	BZ
	JCZBM

大气监测点信息表

PK	ZDBH
	JCZBM
	SMC
	XMC
FK1	LDMC
	JD
	WD
	JCSX

水质监测数据表

PK	SJBH
	JCDBH
	JCSJ
	SW
	PH
	XFW
	COD
FK1	BOD5
	SYL
	DDL
	AD
	XSY
	ZL
	ZN
	ZYJT

水质监测基本信息表

PK	JCDBH
	XZQDM
	JCSJ
	JCLX
	DMDM
	JCZB
	YBS
	ZDZ
	ZXZ
	PJZ
FK1	BZJB
	CBL
	HDDM
	QHDJZ
	TBR
	FHR
	NDDW
	BZ
	JCZBM

噪声监测点数据表

PK	CDBH
	SJ
	JCZBM
	CDMC
	CDSX
	JCPL
FK1	DWDM
	JD
	WD
	CDLX
	LC
	LK
	PJCLL

噪声监测数据表

PK	BH
	NF
	JCRQ
	JCKSSJ
	JCJSSJ
	QXTJ
	XZDM
	CDBH
	WGBH
	GNQDM
FK1	PJSXDJ
	L10
	L50
	L90
	BZPC
	CDLL4
	DW
	TBR
	FHR
	SHR
	BZ

大气监测数据表

PK	SJBH
	ZDBH
	JCSJ
	SO2
	NOX
FK1	PM10
	PM25
	CO
	O3

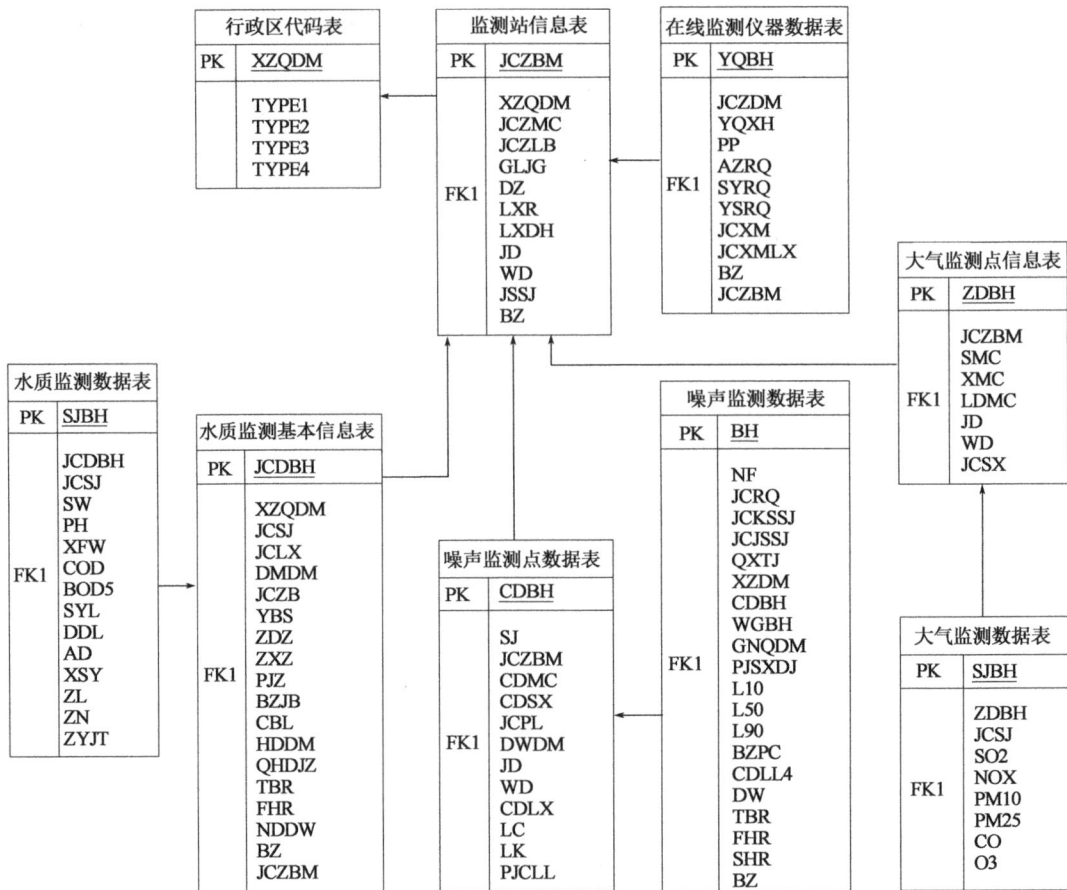

图 7-4　交通运输环境监测数据库表关系图

在线监测仪器信息数据表　　　　　　　　　　表 7-2

序号	中文名称	字段名	类型	主键	备注
1	编号	BH	文本	Y	
2	单位代码	DWDM	文本		
3	仪器型号	YQXH	文本		
4	品牌	PP	文本		
5	安装日期	AZRQ	日期		
6	使用日期	SYRQ	日期		
7	验收日期	YSRQ	日期		可选项:1、省质周报发布站点;2、市联网站点
8	监测项目	JCXM	文本		
9	监测项目类型	JCXMLX	文本		可选项:1、水;2、大气;3、噪声

（4）监测点基本信息表。

监测点位基本信息包括市（州）名称、县（区/市）名称、点位名称及代码、经纬度、点位属性、监测时间(年、月、日)等数据内容,数据表如表7-3所示。

水质、大气环境监测点基本信息表   表7-3

序号	中文名称	字段名	类型	主键	备注
1	站点编号	OID	数值	Y	标识字段
2	市名称	CITY	文本		
3	县名称	COUNTY	文本		
4	名称	NAME	文本		
5	代码	CODE	文本		
6	经度	LONGITUDE	数值		
7	维度	LATITUDE	数值		
8	监测属性	ATTRIBUTE	数值		

(5)水质监测数据表。

服务区水质监测内容主要包括以下内容:

监测点基本信息:市(州)名称、县(区/市)名称、测站名称、测站代码、经纬度、监测时间(日、月、年)等。

监测项目:水质监测项目包括水温、pH 值、悬浮物、总硬度、电导率、溶解氧、高锰酸盐指数、五日生化需氧量、氨氮、硝酸盐氮、亚硝酸盐氮、挥发酚、氰化物、氟化物、硫酸盐、氯化物、六价铬、总汞、总砷、镉、铅、铜、大肠菌群等指标内容,服务区的监测项目根据实际需求进行选定。水质监测数据示意表设计如表7-4所示。

水质监测数据示意表   表7-4

序号	中文名称	字段名	类型	主键	备注
1	数据编号	SJBH	数字	Y	
2	监测点 ID	JCDID	数字		
3	监测时间	JCSJ	日期		
4	水温	SW	数字		mg/L
5	pH 值	PH	数字		mg/L
6	悬浮物	XFW	数字		mg/L
7	COD	COD	数字		mg/L
8	BOD_5	BOD_5	数字		mg/L
9	石油类	SYL	数字		mg/L
10	电导率	DDL	数字		mg/L
11	氨氮	AD	数字		mg/L
12	硝酸盐	XSY	数字		mg/L
13	总磷	ZL	数字		mg/L
14	总氮	ZD	数字		mg/L
15	总有机碳	ZYJT	数字		mg/L

(6)大气监测数据表。

空气质量监测数据库存储和管理历年全国交通相关空气质量监测数据及评价结果,数据来源于自动检测和人工监测,通过 Excel、Dbf 等格式文件导入或手工录入进入系统。主要包括以下内容:

监测点位基本信息:市(州)名称、县(区/市)名称、点位名称及代码、经纬度、点位属性、监测时间(年、月、日)等。

监测项目:执行空气质量旧标准的监测站包括二氧化硫(SO_2)、氮氧化物(NO_x)、可吸入颗粒物(PM_{10});执行空气质量新标准的监测站包括二氧化硫(SO_2)、氮氧化物(NO_x)、可吸入颗粒物(PM_{10}、$PM_{2.5}$)一氧化碳(CO)、臭氧(O_3)等指标。

大气监测数据表见表7-5。

大气监测数据表 表7-5

序号	中文名称	字段名	类型	主键	备注
1	数据编号	OID	数值	Y	标识字段
2	监测点 ID	STATIONID	数值		
3	监测时间	TIME	日期		
4	SO_2 浓度	SO_2	数值		mg/m^3
5	NO_x 浓度	NO_x	数值		mg/m^3
6	PM_{10}	PM_{10}	数值		mg/m^3
7	$PM_{2.5}$	$PM_{2.5}$	数值		mg/m^3
8	CO	CO	数值		mg/m^3
9	O_3	O_3	数值		mg/m^3

除此之外,还包括降水监测数据的管理。数据来源于自动检测和人工监测,通过 Excel、Dbf 等格式文件导入或手工录入进入系统。主要包括以下内容:

降水监测点位基本信息:市(州)名称、县(区/市)名称、点位名称、经纬度、年度、采样开始时间(月、日、时、分)采样结束时间(月、日、时、分)等参数。

监测项目包括电导率、pH、NO_2^-、NO_3^-、NH_4^+、CI^-、SO_4^{2-}、K^+、Na^+、Ca^{2+}、Mg^{2+}等指标。

(7)噪声监测数据表。

①道路交通噪声监测数据表。

公路的交通噪声监测数据表存储和管理历年全省公路交通噪声监测路段统计结果,数据来源于自动检测和人工监测,通过 Excel、Dbf 等格式文件导入或手工录入进入系统。主要包括以下内容:

②监测点位基本信息。

标识、测点代码、所属行政区、测点名称、测点经度、测点纬度、测点参照物、路段名称、路段起止点、路段长度(m)、路幅宽度(m)、道路等级、路段覆盖人口(万人)、国控(省控)、声源类型、监测项目、监测频率、监测点位、备注。

噪声监测点数据表见表7-6。

噪声监测点数据表 表7-6

序号	中文名称	字段名	类型	主键	备注
1	编号	BH	文本	Y	
2	年份	NF	文本		
3	测站代码	CZDM	文本		
4	测点名称	CDDM	文本		
5	测点编号	CDBH	文本		
6	监测频率	JCPL	文本		
7	下属单位代码	QXDM	文本		
8	经度	JD	数值		
9	纬度	WD	数值		
10	测点类型	CDLX	文本		交通干线噪声、区域环境噪声
11	路长	LC	数值		
12	路宽	LK	数值		
13	平均车流量	PJCLL	数值		

③监测路段统计结果。

测点代码、测点名称、所属行政区、监测时间(年月日时分)、L_{eq}、L_{10}、L_{50}、L_{90}、L_{max}、L_{min}、标准差(SD)、车流量[(辆/20min)包括轻型车、中型车]、备注。噪声监测数据见表7-7。

噪声监测数据表 表7-7

序号	中文名称	字段名	类型	主键	备注
1	编号	BH	文本	Y	
2	年份	NF	文本		
3	监测日期	JCSJ	日期		
4	监测开始时间	JCKSSJ	日期		
5	监测结束时间	JCJSSJ	日期		
6	气象条件	QXTJ	文本		
7	行政代码	XZDM	文本		
8	测点编号	CDBH	文本		
9	网格编号				
10	功能区代码	GNQDM	文本		0:0 类区 1:1 类区 2:2 类区 3:3 类区 4:4 类区
11	平均等效声级	PJDXSJ	数值		
12	L_{10}	L10	数值		

序号	中文名称	字段名	类型	主键	备注
13	L_{50}	L50	数值		
14	L_{90}	L90	数值		
15	标准偏差	BZPC	数值		
16	"4类区"测点流量	CDLL4	数值		辆/小时
17	单位	DW	文本		
18	填表人	TBR	文本		
19	复核人	FHR	文本		
20	审核人	SHR	文本		
21	备注	BZ	文本		

④功能区噪声监测数据表。

功能区噪声监测数据表存储和管理历年全省功能区噪声监测数据及统计结果,数据来源于自动检测和人工监测,通过Excel、Dbf等格式文件导入或手工录入进入系统。主要包括以下内容:

监测点位基本信息:标识、测点代码、所属行政区、测点名称、测点经度、测点纬度、测点参照物、功能区代码、声源类型、监测项目、监测频率、监测点位和备注。

监测项目:测点代码、测点名称、所属行政区、监测时间(年/月/日/时/分)、L_{eq}、L_{10}、L_{50}、L_{90}、L_{max}、L_{min}、标准差(SD)和备注。

城市区域噪声监测数据表:城市区域噪声监测数据表存储和管理历年全省城市区域噪声监测统计结果,数据来源于自动检测和人工监测,通过Excel、Dbf等格式文件导入或手工录入进入系统。主要包括监测点位基本信息和监测点位统计信息。

监测点位基本信息:标识、网格代码、所属行政区、测点名称、测点经度、测点纬度、测点参照物、网格覆盖人口(万人)、功能区代码、国控(省控)、声源类型、监测点位、监测项目、监测频率和备注。

监测点位统计信息:网格代码、测点名称、所属行政区、监测时间(年/月/日/时/分)、L_{eq}、L_{10}、L_{50}、L_{90}、L_{max}、L_{min}、标准差(SD)、声源代码、功能区代码、备注。根据基础信息能够将市(州)上报的数据进行自由分类组合,如按照国控、省控,所属行政区,将数据进行分类。

(8)生态监测数据表。

生态监测数据表需要依据实际需要收集和整理详细的生态环境监测数据进行设计,提供以下几种生态数据类型进行参考:

生态环境质量指数:反映被评价区域生态环境质量状况,数值范围为0~100。

植被覆盖指数:指被评价区域内林地、草地、农田、建设用地和未利用地五种类型的面积占被评价区域面积的比重,用于反映被评价区域植被覆盖的程度。

建设用地:指城乡居民点及县辖以外的工矿、交通等用地。

城镇建设用地:指大、中、小城市及县镇以上建成区用地。

农村居民点:指农村居民点。

其他建设用地:指独立于城镇以外的厂矿、大型工业区、采石场,以及交通道路、机场及特殊用地。

未利用地:为未利用的土地,包括难利用的土地或植被覆盖度小于5%的土地。

土地轻度侵蚀:评价区域内受自然营力(风力、水力、重力及冻融等)和人类活动综合作用下,土壤侵蚀模数≤2500t(km^2·a),平均流失厚度≤1.9mm/a的区域。

土地中度侵蚀:指评价区域内受自然营力(风力、水力、重力及冻融等)和人类活动综合作用下,土壤侵蚀模数在2500~5000t(km^2·a)之间,平均流失厚度在1.9~3.7mm/a之间的区域。

土地重度侵蚀:指评价区域内受自然营力(风力、水力、重力及冻融等)和人类活动综合作用下,土壤侵蚀模数>5000t(km^2·a),平均流失厚度>3.7mm/a的区域。

水资源量:指被评价区域内地表水资源量和地下水资源量的总量。

数据库管理系统:交通运输环境监测信息平台数据库管理系统主要包括数据监控统计、数据管理、用户及权限管理等功能。数据监控统计是对信息处理中心平台的数据进行质量校验,以确定其是否正确;实现数据统计功能,反映数据中心数据资源使用情况。数据管理服务是通过对数据库基础平台的各个公共代码、数据字典等信息进行管理,从而保证数据库各项基本设置的正确性和合理性。用户及权限管理对用户身份进行认证,以保证用户的合法性。

(9)数据监控统计。

数据监控统计是对信息平台的数据进行质量校验,以确定其是否正确;对数据进行分类,便于数据的管理和共享;进行各数据项间的关联,便于进行数据整合;实现数据统计功能,反映监测信息平台数据资源使用情况;进行数据服务监控,以反映系统运行的情况。

①数据校验:用户可以通过统一的、用户友好的向导建立数据校验规则,在数据校验规则中可以制定规则所针对的数据字段对象、数据检验标准、检验结果显示等内容。数据校验需要设置数据校验标准、规则等,内容如:数据完整性检验:数据的关键信息不能为空,如污染源的编号、名称等信息,设置相关规则,查找出错误数据。数据重复:数据重复试验,设置重复规则,如污染源编号相同则认为两个污染源是重复的。

②数据规则检验:部分字段需要按规则填写,检查数据属性是否符合规则,如日期格式、性别编码等。通过数据校验获取数据校验结果,对不符合要求的数据提取出来,放入问题数据列表,确认修改后再进行数据整合。数据校验模块功能包括:设置数据校验规则,包括校验对象、校验标准等输出数据校验结果,对错误数据可以设置规则修正或手动修正。

③数据分类:数据分类给用户提供了一个方便查找数据的工具。利用环境信息资源分类目录,将数据库、表、视图、报表以及多媒体资源让用户可以从不同角度对数据进行分类以便进行查找。环境数据分类的基础是环境资源目录结构,将不同的数据内容按资源目录体系划分,便于数据的管理、共享、查找等。数据分类管理功能参考资源目录管理子系统,主要功能包括目录设置,资源分类等。

④数据关联:在数据分类功能的基础上建立数据关联,用户在查看一组数据对象时,同时可以看到系统列出的其他数据对象。数据关联是建立环境信息平台的一个基础思想,将各种数据按照规则一定的逻辑关系组织起来,建立各数据间的关联。如将各种污染源相关数据以

污染源变化为关联关系组织起来,包括污染源基本信息、排污信息、收费信息、处罚信息等。数据关联是数据整合的重要内容,也是建立中心数据库的重要手段。在运行环境管理子系统中,按主要数据关联关系进行配置,包括如下功能:设置不同表间的关联关系,如通过主键、外键进行关联,也可以通过模糊匹配管理;设置关联关系后,可以通过关联数据查找管理关系是否成功、数据关联效果等。

⑤数据订阅:通过数据订阅,用户可以订阅某个数据集合和分类,一旦数据集合中有新的链接加入,或者分类中有新的数据库、表、视图或报表加入,都可以通知订阅过的用户。管理人员可以随意选择订阅关注分类的数据更新情况。数据订阅保证了各种更新数据能够快速地传递给各数据的关注人员,如订阅了空气质量日报的用户,每日的空气质量日报都能快速地传递给订阅用户。通过数据订阅管理,同时也保证的数据的安全性和保密性。

数据订阅模块包括以下的功能:设置用户订阅与数据之间的关系,通过界面设置各用户与数据间的关系,最终形成用户的订阅关系。

(10)数据管理服务。

数据管理服务是通过对数据库基础平台的各个公共代码、数据字典、数据模板、基本信息进行管理,实现以上信息及时的变更,从而保证数据库各项基本设置的正确性和合理性。数据库管理功能包括数据库的增加、修改、删除、获取数据库信息以及获取数据信息等内容。

①添加、修改、删除数据库:通过配置数据库的服务器地址、端口、数据服务名等信息,添加数据库的连接,可以连接到新的数据库。也可以对相关信息进行修改,确保数据库连接正确。当数据库不再使用时,也可删除数据库链接。

②获取数据库信息:可以通过数据库连接获取数据库的信息,包括数据库的表信息、表结构、视图、触发器、存储过程等信息。

③获取数据:可以通过数据库连接获取指定的数据内容,如可以读取数据库中数据表的数据,并可将数据导出。

(11)用户及权限管理。

要对用户的身份进行认证,以保证用户的合法性。然后在此基础上,根据每个用户在环境信息平台中担当的不同角色,再对其权限进行管理,使不同级别的用户在应用系统中具有不同的功能权限,通过访问控制机制来控制用户的访问和操作。除具备数据访问的身份鉴别和权限管理外,还需要提供安全标记、访问控制、可信路径、安全审计、剩余信息保护等功能的用户识别系统,按照"用户级别及权限"的规定来授权用户对资料的访问,防止越权访问者或未经授权者有意或无意地泄露、修改或破坏数据。用户管理是保护系统安全的重要手段,在运行环境管理系统中,用户管理模块包括:用户管理、权限管理、密码管理等。

①用户管理:用户管理包括用户组、用户角色及用户信息管理,通过用户管理模块,有权限的管理人员可以进行如下工作:用户的添加与删除。

②用户信息管理:管理与用户相关的信息,包括用户的创建、撤销、修改等,用户信息包括用户姓名、单位、联系电话、IP 地址、E-mail 地址等信息;用户可以修改其注册信息。用户组管理:对用户按组别进行分类管理。

③权限管理:系统权限管理需要从工程的角度,设计系统的安全,权限管理针对本系统应用功能的安全性,权限管理包括登录认证、操作员管理、功能角色管理、参数角色管理、数据同

步管理、权限管理、日志管理等。权限管理通过一整套授权机制,通过对最小权限的划分,实现对系统最小可控资源进行识别,根据系统的安全要求,将最小可控资源的权限进行细化,包括读取、下载、修改、打印、转载、转发等权限。任何系统可控资源在访问之前都要经过权限验证。权限管理体系架构如图7-5所示。

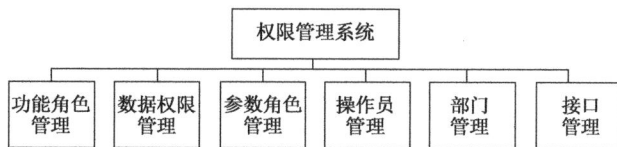

图7-5　权限管理体系架构图

④操作员管理:实现操作员增删改查,操作员分级别,区分普通操作员、组长及特权操作员,增加操作员直接确定用户的角色功能权限、可管理的功能权限、部门等信息,在操作员角色功能基础上实现权限微调。对操作员口令单独处理,超级用户可以恢复操作员的密码,恢复后的口令同登录账号一致。操作员口令数据库加密保存:实现操作员的双重身份管理,关联操作员信息和具体的如代理商,大客户经理业务角色。

⑤部门管理:读取部门信息、角色信息生成操作员和部门、角色的对应关系。

⑥功能角色管理:实现对系统的角色进行增删查改等操作,实现角色和系统功能的配置,实现系统功能配置的增删查改。

⑦参数角色管理:控制其他各子系统的部门重要基础配置数据的读取权限,按照用户配置不同的权限,与业务的数据维护保持松耦合,不发生关系,默认新增的数据所有用户具有读取的权利。配置参数角色和用户的关联关系实现参数权限的设置,在角色配置的基础又可以微调数据的权限。

⑧密码管理:为保证各级用户能严格按照自己的权限参与系统的运行,防止系统用户账号及系统内重要数据被其他不法用户所盗用,运行管理系统提供了完善的密码管理功能支持。密码是用户使用系统的一把钥匙,必须妥善保管。通过密码管理模块,用户可以设置密码的长度和复杂程度,并且对密码进行加密处理,以密文的形式保存密码,此外,系统还可以限制密码尝试的次数。

7.5.2　交通运输环境数据应用系统

(1)数据查询系统。

为更加便于用户了解交通运输环境数据的情况,及时掌握交通运输环境数据的变化特征,交通运输环境数据统计分析子系统将提供数据查询及统计分析功能,提供各类查询方式方法,支持汇总排名分析、总量控制分析等各类分析,同时,支持查询分析结果多格式、多维度的输出。

通过灵活的查询条件设置、查询指标项选择与组合等帮助用户检索与提取所需要的数据。系统提供简单查询、固定查询、对比查询、结构化查询等多种查询方法,提供组合查询、模糊查询、分类查询、自定义查询等高级查询方式进行数据查询。交通运输环境数据查询流程如图7-6所示。

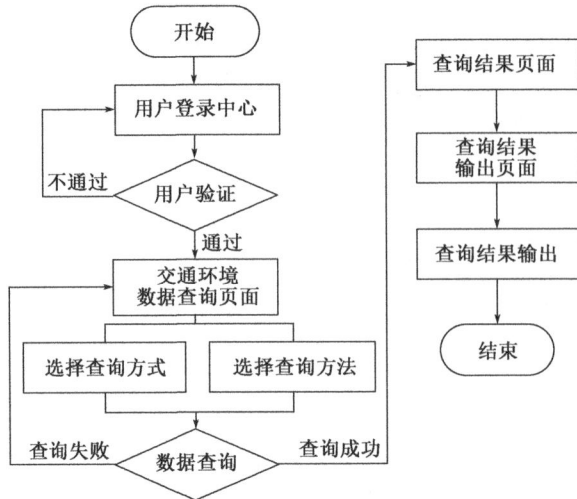

图 7-6　交通运输环境数据查询流程

（2）查询内容。

交通运输环境监测信息平台应用系统数据查询内容：

①环境质量地表水监测数据：主要包括 pH、COD、BOD_5、石油类、氨氮、悬浮物和粪大肠菌群等指标。

②环境质量的地下水监测数据：主要包括 pH、总硬度、溶解性总固体、氨氮、硝酸盐氮、亚硝酸盐氮、挥发性酚、总氰化物、高锰酸盐指数、氟化物、砷、汞、镉、六价铬、铁、锰、总大肠菌群等指标。

③环境质量环境空气监测数据：主要包括 TSP、PM_{10}、$PM_{2.5}$、SO_2、NO_x、CO 等指标。

④环境质量噪声监测数据：主要包括 $L_{eq(A)}$、L_{10}、L_{50}、L_{90}、L_{max} 等指标。

⑤施工期振动监测数据：主要包括 VLZ、速度、加速度、位移等指标。

⑥大气污染监测数据：主要包括沥青烟、苯并芘等指标。

⑦公路的路面（桥面）径流污水监测数据：主要包括 pH、COD、石油类和悬浮物等指标；服务区环境监测数据：主要包括对 TSP、$PM_{2.5}$、CO 和 NO_x 等指标；收费站监测数据：主要包括 TSP、$PM_{2.5}$、CO 和 NO_x 等指标；公路隧道环境监测数据：主要包括 $PM_{2.5}$、CO 和 NO_x 等指标。

（3）数据查询方式。

①组合查询：根据业务数据的特征，提供多种查询条件，用户可根据需要对这些条件进行组合，查询所需数据，对不同的条件类型，提供不同的条件输入方式，如文本框、单选框、多选框等，用户可以按照系统提供的选项的下拉列表中选择条件进行查询，也可在文本框中输入查询条件进行查询。系统支持用户在已输出的查询结果中进行二次查询，以缩小查询范围。如果查询结果不符合查询目的，用户可清除当前的查询条件，再次查询。

②模糊查询：用户输入指标名称的部分内容，系统查找与输入相匹配的所有指标数据名称，用户选择符合条件数据。

③分类查询：按照数据分类建立分层次的数据分类树，提供拖拉和复选框选择方式，用户在数据分类树上选择需查询的一个或多个数据，系统根据用户选择自动列出所选数据的各类

过滤条件,用户选择相关过滤条件后,系统返回符合条件数据。主要包括按照属性参数数据查询、按照监测日期参数查询、按地区位置参数查询、按环境业务分类参数查询、按环境要素分类参数查询、按环境质量控制级别查询、不同类型参数关联查询、环境数据统计查询、专题地图查询。

④模板式查询:用户可以根据实际情况自己设计自定义查询模板样式,使用系统提供的查询条件构造器来构造查询条件。用户还可将构造好的查询条件保存成模板,以备以后使用或者共享给别人重复使用。用户还可以对查询模板进行动态管理,可以根据实际需要变更查询条件。系统自动存储和配置用户的查询模板,以方便用户多次查询需要。

⑤据集查询:Data Set(或 dataset)是一个数据的集合,通常以表格形式出现。每一列代表一个特定变量。每一行都对应于某一成员的数据集的问题。采用了独特的数据集缓存技术,可以很好地保持数据集的查询。通过灵活地设置查询条件、查询指标项选择与组合等方式帮助用户检索与提取所需要的数据,同时提供多组合查询、随机查询、自定义查询等高级查询的需求。

⑥查询结果操作:系统支持单击列标题进行排序功能,用户可以按照需要任意更改查询结果排序。此外,系统提供重新过滤功能,对返回的结果重新过滤。

⑦查询结果导出:系统提供的各类统计报表能提供灵活的条件组合,以及灵活设定统计项目,进行分类统计(灵活的数据来源、时间段、区域、河流、城市组合、断面组合、监测项目组合等)。查询结果能以 Word、Excel、txt、PDF、图表、GIS 专题图等方式导出,方便用户编写报告时使用。

⑧综合查询、数据分类树查询和模糊查询提供表格、图表两种查询结果显示方式,显示方式可选;报表查询采用固定表格或地图方式展示报表内容;支持同一查询结果数据表格和图表在一个页面显示;表格方式要求包括列表、交叉表、主从表、分组表以及组合嵌套表等,支持用户对表格行列进行定制。

(4)图表方式。

图表要求包括直方图、饼图、雷达图、散点图、线图、柱状图等类型,支持二维和三维显示。

①图表输出:将交通运输环境各类月报、季报、年报固定格式的表,以结构化和非结构化(Word 等文件格式)发布出来。各级领导和工作人员在授权的情况下,能方便地查询各类发布数据。

②GIS 输出:充分结合地理信息系统,利用 GIS 平台的空间发布特点,实现数图联动查询,并可结合污染源影响范围等内容,灵活地制作各类专题地图,为管理和决策提供更丰富的数据支持。交通运输环境监测信息平台将基础代码数据传给 GIS 系统,GIS 结合空间属性在地图上展现出来,如污染源分布图、危险源分布图等。信息平台为 GIS 创建独立的数据视图,根据对基础代码数据的需要创建接口用户,赋予相应的数据查询权限,为其提供基础数据。

③文档的输出:系统还能够将查询结果输出为 xls 数据表、doc 文档、txt 文本文件、PDF 或者数据库文件,查询结果可排序、重新过滤;方便用户浏览、打印、二次加工或引用。xls 格式数据表输出样式、doc 格式文档输出样式、txt 文本文件输出样式、PDF 便携式文档输出样式、图表输出样式、GIS 输出样式等不同输出样式。

通过对项目建设前、建设中和运行期环境质量状况进行比较分析,发现项目对地区环境质量变化的主要作用,为公路项目环保措施的改进提供依据。交通运输环境质量数据分析包括公路(水路)空气质量、公路(水路)水环境质量及公路(水路)声环境质量数据分析。

(5)数据质量分析。

①公路(水路)空气质量数据分析:对公路各路段、水路及港口各区域的空气环境质量的现状和变化趋势进行综合数据分析,并结合 GIS 在地图上进行分析专题图的发布展现。包括公路空气污染指数(API)分析、公路(水路) AQI 评价分析、公路(水路)空气质量状况分析、首要污染物分析、KPI 分析、空气质量综合分析。

②公路(水路)水环境质量数据分析:对跨河的公路对河流水环境质量的影响评价分析,以及对港口、航道等水环境质量的数据分析,并结合 GIS 系统在地图上进行分析专题图的发布展现。并且可以依据数据进行考核评价。包括水质状况评价分析、KPI 分析、公路水质总体现状、水路水质总体现状、河流水质现状、湖库水质现状、综合分析。

③公路(水路)声环境质量数据分析:对公路途经区域声环境质量的影响评价分析,以及港口、航道等对噪声的影响评价分析,并结合 GIS 系统在地图上进行分析专题图的发布展现。根据交通声环境标准,对不同时间、不同区域、不同站点的噪声级别进行评价分析、噪声趋势分析、区域排名分析、达标情况分析等。包括功能区噪声现状及详细分析、公路交通噪声现状及详细分析、水路交通噪声现状及详细分析、区域噪声现状及详细分析、综合分析。

(6)交通运输环境污染物排放分析。

通过污染物监测相关数据的分析、掌握的交通运输环境污染状况,更好地了解引起交通运输环境污染的主要因素,为交通运输环境污染管理提供高质量的数据基础。

①交通污染排放分析:针对废水、废气、噪声和振动等环境监测数据,统计分析主要交通污染物排放情况及变化趋势。能够从项目不同阶段,如施工期和运营期,从水路(公路)等角度分析污染排放量的构成情况。能够从以上角度分析主要污染物排放年均、月均浓度的达标情况及变化趋势。

②公路(水路)排放废气监测数据分析:提供公路(水路)废气污染状况分析,包括不同时间、不同区域、不同站点的废气排放趋势分析、废气排放量分析、区域排名分析、废气达标排放情况分析、废气排放与交通状况的相关性分析等。还可以 GIS 作为交互手段,在地图上直观显示各监测子站的废气排放量。

③公路(水路)排放废水监测数据分析:提供公路(水路)的废水污染状况分析,包括不同时间、不同区域、不同站点的废水排放趋势分析、废水排放量分析、区域排名分析、废水达标排放情况分析、废水排放与交通状况的相关性分析等。还可以将 GIS 作为交互手段,在地图上直观显示各监测子站的废水排放量。

④公路(水路)噪声监测数据分析:提供公路(水路)噪声监测数据分析,包括港口的企业厂界噪声、公路的交通噪声状况。按不同时间、不同区域、不同站点的噪声监测数据分析,以及噪声情况与监测时车流量关联性分析等。

(7)数据评价系统。

环境数据评价系统实现各监测数据依照国家相关标准进行评价,并按照不同的评价标准展示环境数据评价结果,具体的环境数据评价内容包括:

①污染物排放评价:按照国家相关水污染源、大气污染、噪声污染排放标准,对交通运输行

业的相关排口、隧道、建设施工项目进行污染相关评价,并输出评价结果。

②环境质量评价:按照国家相关水环境质量、空气环境质量、声环境质量标准执行环境质量评价,对交通运输行业周边敏感区域的环境质量结果进行分析和输出。

(8)数据交换系统。

省级交通运输主管部门的生态环境信息管理部门需要对行政区域内的各类交通运输环境监测数据进行汇总,因此地方交通运输环境运输监测信息平台的建设需要考虑与上级交通运输环境数据中心的衔接。在建设交通运输环境监测数据信息中心平台时,也应与上级平台保持一致,从而完成数据上报。数据上报内容包括环境监测点数据,如污水、空气质量、噪声数据的自动监测和手工监测数据。数据格式和内容应参照交通运输部的格式和内容进行设计和开发,确保数据上报顺利完成。

①据交换方案。

数据交换主要是为实现交通运输环境监测信息处理中心平台对外各级单位的数据传输功能,包括公路项目建设单位、公路项目运营管理单位和其他单位,交通运输环境监测信息平台通过数据接口、数据推送等方式进行监测数据的上报。

②据交换系统部署。

与环境监测信息平台数据的交换主要是由上级数据中心来完成的,可以看出,上级数据中心是本工程的交会节点,所以,在部级数据中心部署中心版数据交换平台软件,监测信息平台部署节点版数据交换平台软件,部数据中心接收到监测信息平台上传的交通运输环境数据后,再通过交换平台与其他系统或其他行业用户进行数据交换,同时部数据中心会把全国统一的各类环境基础信息,如环境质量标准、污染物代码等信息同步分发给地方的监测信息平台。

架构保证:交通运输环境监测信息处理中心平台应采用与上级信息资源平台相一致的系统架构,并为以后的数据传输建立接口,方便数据上传。

功能保证:交通运输环境监测信息处理中心平台应以上级环境信息管理平台的功能设计为主线,参考环保行业的实际功能需求,两者结合建设交通运输环境监测信息平台的系统功能,这样既能保证自身的功能需求,又能使数据在部、省两级间传输时保持相对一致性。

数据保证:交通运输环境监测信息处理中心平台的数据库设计、数据资源规划等应与部信息资源平台相一致,方便数据库对接。

通信方式:通信方式选择、接口标准选择:可以采取多种通信方式,在可能的情况下,一个监测点应提供主通信方式和备用通信方式,以确保通信的畅通。每种通信方式的协议都要采用成熟的接口标准。因为与交通厅进行数据传输包括监测信息、地理信息或者视频信息,所以传输线路选择需要使用交通专网或者光纤网络,以满足大量数据传输需要。

交通运输环境监测数据信息平台建设时也需要考虑与交通运输部环境数据中心数据上报时的数据传输方式,因为交通运输部环保信息处理单位已经给出了数据交换的方案,所以交通运输环境监测数据信息平台与交通运输部环境监测数据中心数据传输需要按照交通运输部环境数据中心的数据交换方案执行。交通运输环境监测数据信息平台建设时,需考虑与交通厅现有的信息系统进行对接,主要是提供数据支持服务,针对现有的实际情况,交通信息系统进行数据传输时应采取的方法包括建设接口和数据推送等方式。

建设接口：云南省内交通行业现有的信息系统对交通运输环境监测信息平台开发系统接口，通过接口系统之间实现数据传输。

数据推送：交通运输环境监测数据信息平台将数据推送至云南省现有的交通信息系统中，实现数据传输。

7.5.3 GIS 支撑平台

通过在 GIS Server 的基础上，建立交通运输环境监测信息平台的 GIS 支撑平台，包括数据管理平台、服务共享平台、数据发布应用。使信息处理中心平台能够通过接口直接调用环境地理信息组件，获得统一的环境地理信息应用服务，为更好地为交通运输环境监测业务应用及决策分析提供支持。

7.5.3.1 GIS 基础功能

（1）地图操作基础功能。

GIS 基础操作功能包括主要包括地图浏览、地图查询、地图对比分析、地图标签管理和导出图片等地图操作基础功能。

①地图浏览。

地图浏览功能用于实现云南省交通地图的浏览，通过打开地图窗口实现，在该地图窗口除了可以显示与交通相关的道路情况、等级公路、公路等交通图层外，还包括交通运输环境监测图层等数据信息。利用该窗口可以实现与地图浏览相关的一些操作，如地图缩放、漫游、放大、平移等功能。

②放大功能。

功能描述：放大查看地图；结果：在地图窗口中显示的图层对象被放大显示，地图可视范围缩小。

③缩小功能。

功能描述：缩小查看地图；结果：在地图控件中显示的图层对象被缩小显示，地图可视范围放大。

④漫游。

功能描述：移动浏览查看地图；结果：地图可视范围随着鼠标的移动而改变。

⑤点位查询。

功能描述：查询地图要素的属性信息。结果：在查询窗口中显示地图中查询要素的属性结果。

⑥放大到激活图层。

功能描述：显示当前活动图层的全部范围；结果：在整个地图窗口中显示当前活动图层的全部范围。

⑦地图平移。

功能描述：平移地图；结果：在当前地图比例尺下，显示窗口中地图的左侧、右侧、上侧、下侧。

⑧放大到全图。

功能描述:显示整个地图,执行命令后无论地图是在放大或缩小的状态,立即显示全图,即按地图的外围矩形填满窗口;结果:在当前地图窗口中显示所有图层。

⑨返回到上一显示范围。

功能描述:显示地图窗口上一次显示的状态;结果:在地图窗口中显示上一次显示的地图状态。

⑩刷新图层。

功能描述:将地图窗口中的图层刷新;结果:地图窗口中图层进行更新,并清除窗口中的选择操作。

⑪添加地图标签。

功能描述:将当前地图视窗以标签的形式保存到数据库,便于日后查看。

⑫删除地图标签。

功能描述:删除指定地图标签。

⑬切换地图标签窗口。

功能描述:在图层列表窗口和地图标签列表窗口中切换。

(2)地图查询。

针对用户的实际需求,定制开发地图的查询功能,用户可在类型列表框中选择相应的查询类型,并指定相应的查询图层和查询内容,系统将按指定条件对地图进行检索查询,查询结果以图表的形式反馈给用户。

(3)地图对比分析。

针对公路污染物随时间的迁移变化情况,用户可以通过两个或多个地图联动的方式实现不同时间污染物数据的对比分析,从而可以非常清晰地显示出同一区域在不同时期的差异特征。

(4)地图标签管理。

为更好地切合用户的实际需要,实现不同用户提供地图标签管理功能,通过地图标签管理工具栏及快捷菜单,方便用户在地图的图层列表和标签列表中切换,并在地图窗口和地图对比分析窗口中迅速定位到自己感兴趣的地图区域。

为便于用户操作,在地图标签快捷菜单中提供地图标签定位、地图标签更新及地图标签重命名等功能。其中,地图标签定位功能可以迅速地将地图窗口范围缩放到当前标签所代表的地图区域;地图标签更新功能可以更新当前标签所代表的地图区域;地图标签重命名可以对当前标签重新指定名称。

(5)导出图片。

应提供将当前地图窗口中内容导出成图片的功能。利用提供的导出图片工具栏,用户可以将自己感兴趣的地图区域导出成 JPG 图片的形式,便于调阅查看。

7.5.3.2　数据管理平台

主要用于数据存储和数据管理,包括标准数据维护、系统数据库维护、系统用户、操作权限的设置维护,系统访问日志维护。提供严格又细致的用户权限设置功能,用户权限分为模块访问权限和数据访问权限两个部分,模块访问权限决定用户可以使用哪些系统模块和对数据的读写性,数据访问模块决定用户可以访问的数据范围,数据添加、编辑、删除,可按照部门职能、部门管理级别等进行用户角色分配,可按行政区划、数据来源等分类进行数据权限控制等。

平台的数据内容总体上可以分为基础地理数据库、基础业务数据库、业务专题数据库以及环保图标符号库等数据内容。基础地理数据库主要管理各种比例尺的基础地理信息数据和各种分辨率的遥感影像数据。基础业务空间库主要管理各种交通运输设施、交通运输区划等公共基础性的地理信息。专题业务空间库主要管理各类交通运输环境监测专题图等,是空间数据与属性数据结合分析的成果。

7.5.3.3 服务共享平台

服务共享平台是各类交通运输环境监测数据服务和共享的核心平台,其在数据管理平台的基础之上提供基于 Service GIS 的服务共享功能。服务共享平台主要提供两种类型的服务共享:一是地图数据,二是 GIS 功能。地图数据服务的发布主要是通过 OGC 的 WMS、WFS 协议来实现。数据服务共享平台可以有效实现 GIS 平台与交通运输环境监测中心平台的共享,实现对数据查询系统、分析与评价系统、数据展示的图形化支撑。GIS 服务共享平台包括以下几方面内容:

①统一管理地图数据:提供地图数据统一的存储、维护、更新、裁剪等数据管理方式。

②集成业务空间信息:集成存储各业务系统的空间信息,如公路(水路)空间信息、监测点位空间信息等。

③发布基础地图服务:提供地图基础功能服务,如:地图显示、地图缩放、地图移动、图层控制、图层叠加等;发布业务应用服务:提供各业务系统 GIS 应用功能服务,如:交通运输环境监测数据查询、分析、评价以及交通运输环境监测数据专题显示等;组合原子功能服务:组合已经具备的各个原子功能服务,进行流程化的搭建配置,发布复杂的综合应用服务。

(1)数据服务标准。

交通环保的各项业务产生了大量数据,随着业务调整,这些数据项还不时会发生变动。为能够支持数据分析,必须有一个比较稳定的数据结构。因此通过制定交通运输环境管理部门自己的数据结构,以及和现有业务系统之间的数据交换频率、方式等,从而制定出各业务数据库到信息平台之间的数据传输标准。

建立规范的环境数据共享服务标准,包括各业务数据集成到信息平台的标准数据内容和数据格式、数据集成方式、数据传输标准。结合国家环境信息标准规范,制定数据服务交换规范,涉及的数据交换标准主要有数据接口标准,统一的信息保存格式,统一的信息传递方式、统一的信息共享方式。信息平台管理系统应针对不同的服务对象提供的不同的数据服务接口方式,并可实现对交换节点的管理和参数的配置。

(2)共享服务系统管理。

对应用支撑平台内部封装的服务和业务系统公开发布的服务进行统一管理。

①服务注册:对来自平台内外的服务提供注册功能,同时也可实现其他异地服务在本平台的注册。采用注册成 Web Service 服务或其他服务的方式,注册以后系统自动将该服务加入服

务目录中。

②服务撤销：对有权限的用户提供服务的撤销功能，撤销功能可设计为真删除或伪删除功能。撤销后的服务将不在服务目录中进行显示，但如果是伪删除，则还可实现服务的恢复和重新启用。

③服务配置：对服务目录中的所有服务进行配置。配置指标项：服务名称、服务类型、服务提供者、服务使用者、服务地址、服务注册时间、服务有效时间等。

④服务查找：对服务目录中的所有服务进行静态或动态查找。静态查找，一般由人工进行查找，从注册中心获取服务信息，动态查找一般由机器自动到注册中心进行查找。

⑤服务监控：对服务目录中的所有服务进行数据和图形化的监控，包括对服务的启动/停止，对服务的状态、使用情况等进行监控。

⑥服务调度：实现对服务目录中所有服务进行调度的功能，包括：服务的中止、服务运行中的强制退出、服务的定时关闭和启动、服务的条件触发等。

⑦服务发布：在服务注册后，必须经过发布才能够被访问使用。服务发布工作需要由具有服务发布权限的管理员来完成。服务发布后，才能被访问以获得相应的数据。

（3）环境数据发布应用。

数据发布应用主要包括 Web 地图发布、信息资源门户和业务应用分析三部分内容。

①Web 地图发布：Web 地图发布主要用于发布空间信息共享平台数据，将大气、水质、噪声等监测点位信息显示在地图上，显示各在线监测点的监测数据，提供监测历史数据查询功能，将查询结果以表格和图表的形式进行展示。

②信息资源门户：信息资源门户可以浏览、查询服务共享平台的数据、服务、标准规范。

③业务应用分析：业务应用分析专题是各业务部门基于服务共享平台进行开发的，可以充分利用服务共享平台的数据和功能，对数据分析、查询的结果发布形成支撑。

7.5.3.4　基础软硬件

为保障系统的运行稳定，交通运输环境监测信息处理中心平台配置相关基础设施具体包括：计算系统、存储系统、系统软件环境、网络设备和机房建设。

（1）系统服务器。

依据"以应用为先导"的方针，计算系统的建设是依据应用系统架构和业务需求规模的测算，要达到支撑和满足应用系统安全可靠地运行和易于管理维护的目标。系统的数据库服务器、应用服务器采用单机加冷备方式，服务器设备选型根据系统处理能力需求（TPC-C 估算）并按先进性做适当提升。根据系统各部分对计算能力的需求，结合先进性、可靠性等设计原则，PC 服务器分为 2 档。服务器配置见表 7-8。

服务器配置　　　　　　　　　　　　　　　　　　　　　　　　　表 7-8

序号	设备类型	参考配置
1	A 类 PC 服务器	2 路 Intel（R）4 核 E7520 至强（R）CPU，1.86GHz/32GB1333MHzECC 内存/5 块 300GB SAS2.5" 硬盘/RAID/4x1GbE 嵌入式以太网卡
2	B 类 PC 服务器	1 路 Intel 四核至强 E5620/12GB1333MHzECC 内存；2 块 5006GB SATA 硬盘；RAID0＋1/2x1GbE 嵌入式以太网卡

从成本控制和充分利用资源的角度,需要最低配置 3 台 A 类服务器:1 台作数据库服务器,1 台作应用服务器,1 台作为 GIS 数据和应用服务器,通过在服务器上配置 RAID 磁盘阵列,可满足现阶段数据存储和访问的需求。根据应用系统对系统软件环境的要求,为满足云南省交通运输环境信息平台必需的服务器环境支撑软件系统参考各种服务器的数量和配置种类,确定配备的操作系统、数据库等系统软件技术指标要求及数量。

从实用性、易用性和兼容性方面考虑系统软件的环境,需配置地理信息平台软件 1 套,需配置数据库软件 1 套,部署数据库服务器,采购服务器操作系统 3 套,部署数据库服务器、应用服务器和 GIS 服务器。网络设备环境监测中心作为信息存储、处理、决策支持分析的智能化核心,需要具备高速的通讯能力和数据处理能力,并且随着业务的发展,需要更高的数据交换能力。

交通运输环境监测信息平台的网络平台建设包括连接监测中心和前端监测站点的广域网和交通运输环境监测中心站机房局域网两方面内容。

(2)在线监测站点的广域网。

在线监测站点到监测中心的连接,可根据在线监测站与中心的链路实际情况,可使用高速行业专网、公众通信网络的全球移动通信系统(GSM),以及根据实际情况采用无线传输方式。交通运输环境监测中心站与在线监测站点广域网布局如图 7-7 所示。

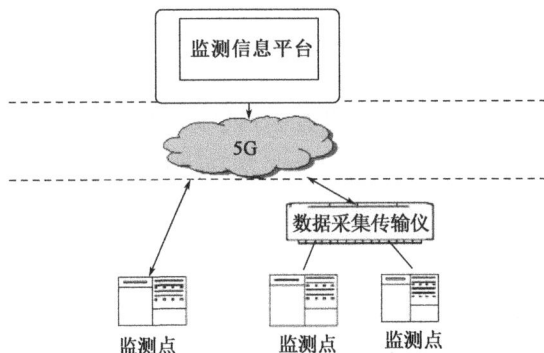

图 7-7　监测信息平台广域网布局图

7.6　平台建设实施情况及效果

交通运输环境监测信息处理平台是按照《云南省交通运输环境监测网络建设试点工程初步设计》的要求,并结合云南省的实际情况,以云南省交通环境监测中心站为依托建立。其实现了对交通生态环境在线监测数据、试验室例行检测数据的采集、存储、分析和汇总,并可评价交通运输对沿途环境质量的影响。为下一步实现与部级数据中心的数据交换和共享,为交通运输环境管理提供支持奠定了基础。

(1)实现的主要功能。

①初步实现了交通环境监测信息网络化、数字化。

②及时准确掌握云南省交通环境质量和污染状况,科学预测判断高速公路沿线环境质量

变化。

③实现了对4处在线环境监测站点(九龙竹园、野象谷、勐仑服务区和糯扎渡上游转运码头)的监测数据进行统一采集,及时、准确地感知交通路段环境质量状况及影响程度。

④提供各类交通环境监测数据信息的检索、查询、展示等服务。

⑤提供报表统计、汇总分析、趋势分析、对比分析、超标分析、预测预警分析等功能,为开展交通环境监管提供数据支持服务。

⑥面向交通环境监测和数据统计工作人员,提供便捷高效的交通环境监测数据采集、管理、统计分析等功能,减轻其在数据资料收集、整理、审核方面的工作量,提高数据的准确性,进一步增强交通环境监测和数据统计工作的效率和管理水平。

(2)项目实施的效果。

建成的交通环境监测信息平台,基本实现了交通环境监测信息网络化、数字化。依托交通运输环境监测信息处理中心平台的数据,为用户提供环境监测统计、污染源监测等各类业务系统重要数据的查询报表,实现交通行业环境监测数据统一集成、统一管理的必要系统,为数据入库提供数据监控和管理,保证数据正确性和规范性;通过工程建设逐步完善与监测业务的展开,及时准确掌握云南省交通环境质量和污染状况,科学预测判断高速公路沿线环境质量变化,实现与部级环境数据中心的数据共享,满足新形势下环境管理和公共服务的需求,并为创新交通环境监测新思路提供技术支撑。

云南省交通运输环境监测信息平台登录界面如图7-8所示。

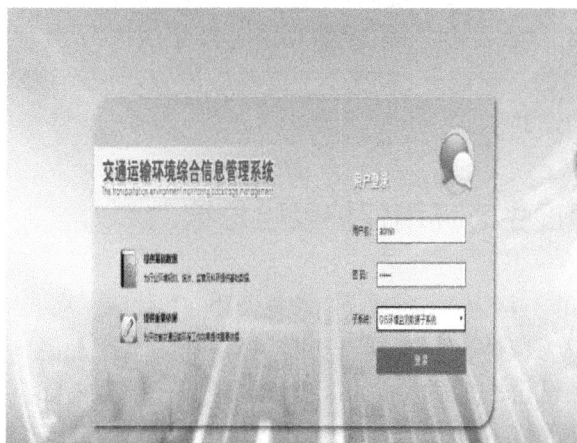

图7-8 云南省交通运输环境监测信息平台登录界面

8

CHAPTER 8

总结与展望

经过多年的探索实践,绿美公路的生态环境和生物多样性保护工作取得了积极成效。云南省是我国最早应用高速公路坡面植被恢复技术的省份,在昆明—曲靖高速公路建设中首次引进瑞士喷播机械,对边坡进行喷播植草,恢复植被,揭开了我国高速公路生态建设的篇章,也促进了云南省高速公路坡面植被恢复等生态建设的发展。据《云南省绿色交通"十四五"发展规划》:"十三五"期间,云南省在交通基础设施规划、设计、建设、运营和养护全寿命周期中以最大限度节约资源、提高能效、控制排放、保护环境为目标,采取了各种技术和管理措施最大限度地提供"畅、安、舒、美"的运输服务,实现了交通基础设施建设经济效益、社会效益和环境效益的有机统一,与自然和谐共生。

8.1 绿美公路建设生态环境保护经验总结

一是不断绿美公路的丰富内涵,形成了"绿美公路 +"效应。各地在推进绿美公路建设过程中,在以绿色景观大道为载体,打造"路景交融、轻松舒畅",全面融入"畅、安、舒、绿、美、融"理念的绿美公路基础上,结合当地的特色,总结汲取经验,不断加入了乡村振兴、人文景观、全域旅游、茶园文化和产业发展等元素。建成了具有地方特色的生态景观路、旅游路,让绿美公路成为"网红"、带来流量,生态环境因路而美,让沿线的群众因路而兴、因路而富,有效推动公路沿线的经济社会发展。

二是充分发挥了绿色低碳技术引领作用。通过技术革新或重构,在尽量不降低道路基础设施原有性能、不增加工程造价的基础上,实现公路设施全要素、全周期碳减排,培育一批低能耗、低排放的新技术、新模式,从全碳链的角度推进绿美公路基础设施可持续发展。

三是积极发展新兴绿色经济。云南交投集团在绿美公路上推广使用新能源技术,持续完善和优化充电站、液化天然气(LNG)和分布式光伏电站等绿色能源的布局和应用。积极推进文旅深度融合发展,先后建成了一批景区化、特色化、数字化、智慧化的服务区,小沙坝服务区成为全国首家挂牌 AAAA 级旅游景区的高速公路服务区。

四是建立了更加高效的协同治理体系。在绿美公路建设项目的规划设计、施工建设、运营管理等阶段全面贯彻落实习近平生态文明思想,树牢绿色发展理念,融合生态旅游。建立以低碳为特征的可持续发展体系,协同推进绿美公路高质量发展和生态环境高水平保护,不断降低二氧化碳排放强度、削减主要污染物排放总量,促进资源高效利用和循环利用,实现协同增效。

8.2　绿美公路建设生态环境保护存在不足

一是路域生态系统的整体性认识不足。由于缺乏生态理论和实践的指导,对公路的生态环境影响还停留在宏观定性的分析上,或将生态学理论生硬地套用在评价公路项目中,对路域生态系统的长期性、综合性、复杂性、系统性等特点认识不足,制定的生态环境保护措施,没有综合考虑水气声渣和固体废弃物和景观生态的相互作用。

二是还没有完全达到公路工程建设与环境保护全面协调的要求。大多数绿公路的建设项目以通车为目标,选线主要追求降低工程造价的目标侧重于公路建设的经济选线、选址,绿美公路建设的环境保护还仅仅体现在种行道树、建防护林、铺草坪,防污减噪、防止水土流失等传统措施上,没有将当地自然景观和人文景观相结合,充分满足人们对出行的安全性、舒适性、愉悦性的要求,实现人与自然的和谐统一。

三是绿美公路实践创新技术手段和鼓励机制还不健全。绿美公路建设实践过程中,多数示范项目大规模示范应用仍是实施生态环保选线、注重原生植被保护、实施永临结合、废旧材料再生利用、路域生态防护与修复、施工环境保护、标准化施工等常规绿色技术,而在节能减排、能源高效利用、公路零碳建设等低碳技术和建筑信息模型(BIM)技术应用、"互联网+"大数据监管等现代信息技术研发不足,缺乏有效鼓励"四新"技术创新的机制,制约了绿色公路高质量建设。

四是行业生态环境保护监管制度体系还不够完善。公路项目中的重大生态环境问题,大部分仍由环保督查和生态环境部门通过例行检查发现,行业层面生态环境保护例行督导少,行业自我监管体系不足,交通行业主管部门在生态环境保护事中、事后指导和督查应进一步加强。

综上,绿美公路建设将面临更加严峻的外部资源环境约束,也将迎来行业自身发展转型升级、由规模速度型发展转为效率质量型发展的窗口期,应抓住云南省"生态文明建设排头兵""建设中国最美丽省份"及"争创碳达峰、碳中和示范省"重大战略部署重大机遇,全面贯彻落实生态文明建设要求和新发展理念,把生态环境保护摆在更加突出的位置,正确处理行业发展与生态环境保护的关系,在生态文明和美丽中国建设中发挥先行作用,为加快推进云南省交通领域绿色低碳转型和高质量发展作出更大贡献。

8.3　政策建议

8.3.1　加强顶层设计,推动绿美公路转型升级

以交通强国试点为契机深化绿美公路建设,开展面向交通强国建设需要的绿美公路建设

政策研究与制度顶层设计,强化绿色智能化建造与维养、生态化工程构造物建设、路域生态廊道建设与交通噪声污染治理等公路技术开发,努力探索绿美公路与环境协调机制,推动绿色公路建设转型升级。

8.3.2 推动绿美公路建设进入减污降碳协同增效阶段

在绿美公路生态环境保护工作中,以降碳为重点战略方向、推动减污降碳协同增效,根据公路项目的不同,设计的公路的能源系统碳中和发展模式,利用太阳能等低碳节能设施设备,完善公路沿线电动车辆充电服务设施,以公路绿化为依托,在服务区、隧道进出口等沿线区域开展公路碳补偿应用,探索氢能等燃料电池的发展和推广。探索公路交通运输领域绿色低碳与深度减排战略路径,提出交通能源系统低碳发展的最优调控机制和具体对策。

8.3.3 加强智慧交通与生态环保深度融合

运用智慧化手段推动生态环境高水平保护和生态治理现代化,信息化、数字技术与交通生态环保深度融合,数字化、建设监测、调度、管控、应急、服务一体的智慧路网云控平台,完善智慧服务区,促进融智能停车、能源补给、救援维护于一体的现代综合服务设施建设。推动农村公路建设、管理、养护、运行于一体的综合性管理服务平台建设的同时,构建绿美公路智慧高效的生态环境管理信息化体系,促进路网的大气污染、水污染、固体废物转移等跨区域联防联治、流域上下游协同治理。

8.3.4 强化联合攻关,不断夯实生态环境科技基础

聚焦绿美公路建设过程中的创新需求,进一步凝练绿美公路生态保护修复中存在的关键科学问题。通过项目自主研发或联合攻关等,进一步优化研究方向积极探索环境影响跟踪监测及立体巡查技术、交通基础设施自然融合设计、交旅融合背景下高速公路服务区规划设计、"服务区 + 旅游"融合发展路径、旅游公路 BIM 技术应用、生态建造和无害化穿(跨)越技术、交通走廊生态环境影响与效益提升评估技术、生态治理与恢复技术体系、复杂山区交通廊道受损生态系统修复和基于绿色发展理念的新材料的应用。

8.3.5 着眼生态环境保护,创新监管模式与技术

创新监管模式。探索跨部门的协同监管机制,研究建立交通运输与生态环境、水利等部门的协调工作机制,共同完善绿美公路建设生态环境保护督查制度的顶层设计,建立生态环境信息的通报机制,试点推行生态环境保护联合督察制度。推广生态环境保护第三方管理服务模式,鼓励建设单位委托专业机构开展独立的生态环境保护核查工作,提升建设项目自律监管成效。

8.3.6 加强绿美公路建设典型案例的先宣传和推广

广泛收集绿美公路建设过程中,助力高质量发展过程中的涌现出来的具有示范性、创新性、代表性的项目、模式、经验等典型案例。多渠道多形式讲好绿美公路故事,进一步强化生态环境保护典型案例的示范引领作用。同时,构建云南地域性的技术标准、规范或指南体系,辅

以网站、微信公众号、现场观摩等形式推广示范工程先进经验做法,发布最新成果。加大《云南省城乡绿化美化建设导则》《云南省城乡绿化美化植树指南》《云南省城乡绿化美化推荐树种名录》《云南省绿美交通三年行动》及《云南省绿美交通技术指南》的宣贯培训力度和频次,加强绿美公路专业技术人员培训培养,促进先进管理和技术的传播与扩散,使绿美公路建设的生态环境保护理念深入人心。

8.4　展望

　　未来的绿美公路建设,需要进一步强化公路生态环境保护工作,做好公路原生植被保护和近自然生态恢复、动物通道建设、湿地水系连通等工作,降低公路新改(扩)建项目对重要生态系统和保护物种的影响,完善公路生态环境敏感路段跨河桥梁排水设施建设及养护。加强服务区污水、垃圾等污染治理,鼓励老旧服务区开展节能环保升级改造,新建公路服务区推行节能建筑设计和建设。提高交通基础设施固碳能力,以交通强国试点为契机深化绿美公路建设,加强交通强国建设需要的绿色公路建设政策研究与制度顶层设计,强化绿色公路技术开发,推动绿色公路建设转型升级进一步深化绿美公路建设。

参 考 文 献

[1] ANDREASEN J K, O'NEILL R V, NOSS R, et al. Considerations for the development of a terrestrial index of ecological integrity[J]. Ecological Indicators, 2002, 1(1):21-35.

[2] GUO G, LI K, LEI M. Accumulation, environmental risk characteristics and associated driving mechanisms of potential toxicity elements in roadside soils across China[J]. Sci Total Environ. 2022, 835:155342.

[3] HULSKOTTE J H J, ROSKAM G D, DENIER VAN DER GON, H. A. C. Elemental composition of current automotive braking materials and derived air emission factors[J]. Atmospheric Environment, 2014, 99(dec.):436-445.

[4] JIANG Y, WEN H, ZHANG Q, et al. Source apportionment and health risk assessment of potentially toxic elements in soil from mining areas in northwestern China[J]. Environ Geochem Health. 2022, 44(5):1551-1566.

[5] KOLE PJ, LÖHR AJ, VAN BELLEGHEM FGAJ, RAGAS AMJ. Wear and Tear of Tyres: A Stealthy Source of Microplastics in the Environment[J]. Int J Eviron Res Public Health. 2017, 14(10):1265.

[6] ROADEX Network. Environmental Considerations for Low Volume Roads[EB/OL]. [2023. 11. 13]. https://www. roadex. org/e-learning/lessons/environmental-considerations-for-low-volume-roads/environmental-issues-related-to-road-management/.

[7] WU L, YE K, HASTAK M. A comparison study on environmental policies for expressway construction projects between China and the US: A tiered analysis approach[J]. J Environ Manage. 2022, 305:114298.

[8] 傅伯杰,于丹丹,吕楠.中国生物多样性与生态系统服务评估指标体系[J].生态学报, 2017, 37(2):8.

[9] 华树新.黑龙江省绿色公路评价研究[D].哈尔滨:东北林业大学, 2019.

[10] 甘淑,何大明.云南高原山地生态环境现状初步评价[J].云南大学学报:自然科学版, 2006, 28(2), 161-165.

[11] 官琦,王志奇,任建.云南省"十三五"公路增长率分析研究[J].价值工程. 2016, 35(4), 47-49.

[12] 何健美.织牢交通"绿色网" 打造百姓"幸福路"[N].云南政协报, 2023.10.30.

[13] 胡晓蓉.绿色为底 筑牢生态安全屏障[N].云南日版, 2022.3.2.

[14] 李承韩.去年全省综合交通投资达3314亿元[N].云南日版, 2023.2.19.

[15] 李东梅,高正文,付晓,等.云南省生态功能类型区的生态敏感性[J].生态学报, 2010, 30 (1):138-145.

[16] 陆慧玲.浙江省"美丽公路"建设背景下的公路景观提升研究[D].杭州:浙江农林大学, 2018.

［17］ 李元.利用生物多样性优势推进生态文明建设［J］.社会主义论坛,2020(2):2.

［18］ 王珠娜,潘磊,余雪标,等.退耕还林生态效益评价研究进展［J］.西南林学院学报,2007,27(1):91-96.

［19］ 王坤,龙志刚,张晓光.国内外交通高质量发展经验借鉴与启示［EB/OL］.2020.08［2023.11.23］.https://ctit.tongji.edu.cn/info/1010/1458.htm.

［20］ 王志奇,任建.云南省"十三五"公路增长率分析研究［J］.价值工程,2016,35(4):47-49.

［21］ 云南省人民政府研究室主办.云南年鉴.2022［M］.昆明:云南年鉴杂志社,2022.

［22］ 余青,宫连虎.风景道游憩服务设施建设研究——以美国蓝岭风景道为例［J］.中外公路,2010,03:14-19.